新时代高校辅导员立德树人丛书

新时代高校

爱国主义教育若干问题研究

蒋 莉 潘清滢 著

吉林大学出版社

·长春·

图书在版编目（CIP）数据

新时代高校爱国主义教育若干问题研究 / 蒋莉，潘
清滢著 . — 长春：吉林大学出版社，2022.8
ISBN 978-7-5692-9376-0

Ⅰ . ①新… Ⅱ . ①蒋… ②潘… Ⅲ . ①大学生－爱国
主义教育－研究－中国 Ⅳ . ① G641.4

中国版本图书馆 CIP 数据核字（2021）第 224788 号

书　　名　新时代高校爱国主义教育若干问题研究
　　　　　XINSHIDAI GAOXIAO AIGUO ZHUYI JIAOYU RUOGAN WENTI YANJIU
作　　者　蒋　莉　潘清滢　著
策划编辑　李承章
责任编辑　米司琪
责任校对　王寒冰
装帧设计　中正书业
出版发行　吉林大学出版社
社　　址　长春市人民大街 4059 号
邮政编码　130021
发行电话　0431-89580028/29/21
网　　址　http://www.jlup.com.cn
电子邮箱　jldxcbs@sina.com
印　　刷　三河市龙大印装有限公司
开　　本　787mm×1092mm　1/16
印　　张　12.75
字　　数　201 千字
版　　次　2022 年 8 月　第 1 版
印　　次　2022 年 8 月　第 1 次
书　　号　ISBN 978-7-5692-9376-0
定　　价　55.00 元

出版说明

党的十八大以来，以习近平同志为核心的党中央高度重视教育事业在坚持和发展中国特色社会主义战略全局中的地位和作用，把教育摆在优先发展的战略位置，全面加强党对教育工作的领导，提出了一系列新理念、新思想、新观点，为做好新时代教育工作提供了根本遵循和行动指南。习近平总书记在全国教育大会上发表重要讲话，强调要坚持党对教育事业的全面领导，坚持把立德树人作为根本任务，坚持优先发展教育事业，坚持社会主义办学方向，坚持扎根中国大地办教育，坚持以人民为中心发展教育，坚持深化教育改革创新，坚持把服务中华民族伟大复兴作为教育的重要使命，坚持把教师队伍建设作为基础工作。

《普通高等学校辅导员队伍建设规定》（中华人民共和国教育部令第43号）指出，辅导员是开展大学生思想政治教育的骨干力量，是高等学校学生日常思想政治教育和管理工作的组织者、实施者、指导者。高等学校要坚持把立德树人作为中心环节，把辅导员队伍建设作为教师队伍和管理队伍建设的重要内容，不断提高队伍的专业水平和职业能力，保证辅导员工作有条件、干事有平台、待遇有保障、发展有空间。西南政法大学党委高度重视辅导员队伍建设工作，为推动辅导员职业素养以及科研能力的提升，于2019年5月在全国率先成立了辅导员教研中心。为提升辅导员工作的专业化和职业化水平，更好地促进学校立德树人工作，西南政法大学辅导员教研中心积极组织辅导员编写"新时代高校辅导员立德树人丛书"。本套丛书以满足大学生成长成才的需要为出发点和落脚点，内容涵盖大学生思想政治教育、爱国主义教育、志愿服务、高校辅导员工作实操等辅导员日常工作的方方面面，旨在探索辅导员工作的新方法、新路径，为落实立德树人的根本任务提供坚实基础和有力支撑。

"新时代高校辅导员立德树人丛书"编委会

2021年9月

目　录

第一章　新时代爱国主义教育理论综述⋯⋯⋯⋯⋯⋯⋯⋯⋯⋯⋯⋯001

第一节　爱国主义教育的内涵和基本特征⋯⋯⋯⋯⋯⋯⋯⋯⋯002

第二节　爱国主义教育的历史发展⋯⋯⋯⋯⋯⋯⋯⋯⋯⋯⋯⋯008

第三节　新时代爱国主义教育的机遇挑战⋯⋯⋯⋯⋯⋯⋯⋯⋯016

第四节　新时代爱国主义教育的使命担当⋯⋯⋯⋯⋯⋯⋯⋯⋯024

第二章　新时代爱国主义教育的基本内容⋯⋯⋯⋯⋯⋯⋯⋯⋯⋯034

第一节　国情和形势政策教育⋯⋯⋯⋯⋯⋯⋯⋯⋯⋯⋯⋯⋯⋯034

第二节　历史和传统文化教育⋯⋯⋯⋯⋯⋯⋯⋯⋯⋯⋯⋯⋯⋯045

第三节　民族团结和国家安全教育⋯⋯⋯⋯⋯⋯⋯⋯⋯⋯⋯⋯053

第四节　核心价值观和中国梦教育⋯⋯⋯⋯⋯⋯⋯⋯⋯⋯⋯⋯060

第三章　新时代爱国主义教育知识学习⋯⋯⋯⋯⋯⋯⋯⋯⋯⋯⋯067

第一节　爱国主义教育知识学习的重要意义和内涵⋯⋯⋯⋯⋯067

第二节　发挥思政课程在爱国主义教育中主阵地作用⋯⋯⋯⋯077

第三节　课程思政的爱国主义教育功能⋯⋯⋯⋯⋯⋯⋯⋯⋯⋯091

第四章　新时代爱国主义教育文化育人协同机制⋯⋯⋯⋯⋯⋯104

第一节　爱国主义教育中文化育人协同机制的基本思路⋯⋯⋯104

第二节　挖掘和运用校园文化爱国主义教育功能⋯⋯⋯⋯⋯⋯111

第三节　发挥节日和仪式的爱国主义教育功能⋯⋯⋯⋯⋯⋯118

第四节　整合社会资源和自然资源开展爱国主义教育⋯⋯⋯124

第五章　新时代爱国主义教育多维度氛围营造⋯⋯⋯⋯⋯⋯133

第一节　互联网时代爱国主义教育多媒体矩阵的构建⋯⋯⋯134

第二节　讲好爱国主义教育榜样故事⋯⋯⋯⋯⋯⋯⋯⋯⋯143

第三节　国际视野下国民心态的涵养⋯⋯⋯⋯⋯⋯⋯⋯⋯150

第四节　爱国主义教育的法治保障⋯⋯⋯⋯⋯⋯⋯⋯⋯⋯157

第六章　新时代爱国主义教育的实践创新⋯⋯⋯⋯⋯⋯⋯⋯167

第一节　爱国主义教育实践载体的丰富⋯⋯⋯⋯⋯⋯⋯⋯167

第二节　爱国主义教育实践活动的创新⋯⋯⋯⋯⋯⋯⋯⋯172

第三节　爱国主义教育实践经验与启示⋯⋯⋯⋯⋯⋯⋯⋯183

参考文献⋯⋯⋯⋯⋯⋯⋯⋯⋯⋯⋯⋯⋯⋯⋯⋯⋯⋯⋯⋯⋯190

后　　记⋯⋯⋯⋯⋯⋯⋯⋯⋯⋯⋯⋯⋯⋯⋯⋯⋯⋯⋯⋯⋯194

第一章　新时代爱国主义教育理论综述

党的十九大报告指出，我国社会主要矛盾已经转化为人民日益增长的美好生活需要和不平衡不充分的发展之间的矛盾，中国特色社会主义进入新时代。面对新形势下的新问题，弘扬以爱国主义为核心的民族精神和以改革创新为核心的时代精神必须不断丰富自身在时代境遇中的新内涵，将爱国主义教育贯彻到新时代精神文明建设和高校理论教育的方方面面。因此，在庆祝新中国成立 70 周年之际，中共中央、国务院印发了《新时代爱国主义教育实施纲要》（以下简称《纲要》），并要求全国各地各部门结合实际情况认真贯彻落实。《纲要》紧紧围绕新时代背景下爱国主义教育面临的国内外形势和发展难题，对爱国主义教育的价值引领、政治立场、时代特征和思想理念做出了基本考量和框架建设。

在新的历史走势和规律下，深化拓展新时代爱国主义教育理论的内涵离不开知行合一、行成于思的方法论，因此，坚持将《纲要》与高校理论实践相结合是巩固充实爱国主义教育理论的重要手段。从本质上看，爱国主义教育仍然是一门思想政治课程，应当遵循思想教育事业的基本发展规律，即思想教育本质上是一种社会活动过程中各要素之间的本质联系与必然趋势，是思想教育活动中所固有的，而始终起作用的客观存在。[①] 其中这些要素包括内在要素，也包括外部要素，即教育的内在规律与外部规律。新时代教育者要使爱国主义教育有所实效，就要进一步认识并运用其规律，在确定的基本框架内开展针对性、实践性研究。

---

① 张世欣. 思想教育规律论 [M]. 杭州：浙江大学出版社，2008：2.

第一节 爱国主义教育的内涵和基本特征

党的十八大以来，以习近平同志为核心的党中央高度重视爱国主义教育，希冀通过春风化雨、潜移默化的软性教育方式达到固本培元、坚实民族信心、凝聚民族力量、振奋民族精神的目的。习近平总书记近年来在多个场合重点指示要将爱国主义教育作为永恒主题，实现爱国主义教育融会贯通精神文明建设和国民教育全过程。古往今来，爱国主义情怀深深植根于华夏儿女心中，激励着世世代代的中国人民为祖国繁荣和民族复兴而奋发图强，我们要将这一情怀铭刻在心，并不断传承发扬，开展持久的、生动的、紧跟时代步伐的爱国主义教育，不断深化对爱国主义教育的内在阐释和对教育特征的全面摸索，引导高校大学生坚定不移听党话、跟党走，做到不负青春、不忘初心、牢记梦想、牢记使命。

一、爱国主义教育的内在蕴意

爱国主义是中华民族的民族心、民族魂，是国家和人民得之不易、弥足珍贵的精神财富，具有中国特色的爱国主义教育必须将爱国精神和信念作为各阶段教育的重中之重，结合爱党、爱社会主义的应有内涵，做到培育出能够担当民族复兴大任和高举社会主义旗帜的时代新人。爱国主义教育归根结底是以爱国主义为中心内容的特定教育，具体而言是指社会中的教育者为了达到增进受教育者的爱国情怀，唤醒其爱国意识的目的，而通过特定的教育方式和手段，对受教育者产生一定的爱国主义思想影响，并引领受教育者开展爱国行为的一种实践活动。[①]《纲要》对爱国主义教育的内在蕴意进行了定义，例如坚持爱党和爱国、爱社会主义相统一，坚持爱国主义教育要区分层次、区别对象，我国的国体和政体决定了热爱祖国与热爱中国共产党和人

---

① 郑志发，黎辉. 爱国主义教育结构探析 [J]. 南昌大学学报（人文社会科学版），2005（5）：143-148.

民密不可分，所以新时代爱国主义的本质就是坚持爱党和爱国、爱社会主义高度统一，它们组成了爱国主义教育最重要的层级结构。

爱国主义教育内涵生成的层级结构中最基本的便是爱人民，其次是爱民族，再到爱党和爱国、爱社会主义。这个层次并不意味着教育客体重要性程度的差异，而是引起人民共情的力度层级。第一层教之"民惟邦本，本固邦宁"，阶级社会最本质的特征就是人的社会性，通过分工合作和交往沟通形成一个强大而坚固的群体。马克思曾指出，人的本质其实并不是特殊个体所固定的抽象物，而是现实中一切社会关系的整体和总和，这个群体中个体间的关系网必然使人们生出一种连接感和依附感。爱国主义教育本质上要引导人们热爱身边的群众，看到"人人为我、我为人人"的和谐社会构建出的美丽蓝图，自觉地将自我放在人民之中，将个人利益置于人民利益之中，逐渐激发"我将无我、不负人民"的爱国主义情怀。第二层教之"民族阵线，救国良方"，历史是文化色彩的沉淀，民族是文化基因的延续，中华民族悠远绵长的历史和积淀深厚的文化是爱国主义情感生长和发育的重要条件。一个统一的多民族国家带给人们内心的归属感和自豪感是最朴实、最纯粹的情感，依靠生活中耳濡目染的风俗和习惯形成的民族凝聚力能够不断增进中华儿女心理契合度和相互认同感。爱民族就是爱同胞、爱故乡、爱中华，关心民族命运，以民族复兴为己任，培育"各民族同呼吸、共命运、心连心"的爱国主义情感。第三层教之"苟利国家，不求富贵"，利社会主义就是利国，利中国共产党就是利社会主义，就是利民，人民、中国共产党、社会主义制度和国家都是爱国主义理论的组成部分。在爱国主义教育内在蕴意的最高层次上，真正的爱国是区别于非理性的、盲目的，通过系统、科学、理性的教育使人们理解中国共产党为什么能、马克思主义为什么行、中国特色社会主义为什么好，当人民理解一个政党和制度的先进性时，他们便会发自内心地支持这个制度，并积极地投身于国家各项事业之中，这便是爱国主义的最好体现。①

《纲要》提到坚持以习近平新时代中国特色社会主义思想武装全党、教育人民，即爱国主义教育与中国特色社会主义相结合，包括核心价值观、指导思想、战略部署等。中国特色社会主义立足于中国国情，植根于中国土壤，归属于中国特性，是马克思主义中国化的重要成果，是发展中国、稳定中国、强盛中国的必由之路，是实现中国现代化的必由之路。面对波诡云谲的时代变化，中国共产党始终带领人民以独立自主、永葆先进的精神持续推动着中国特色社会主义建设，不断开辟中国发展的新天地。习近平总书记指出："以史为鉴、开创未来，必须坚持和发展中国特色社会主义。"②爱国主义教育需要遵循社会主义发展规律，需要紧跟时代发展步伐，旗帜鲜明地聚焦矛盾与问题，拓展新思维，运用新方式，不断提升教育质效。

二、爱国主义教育的基本特征

爱国主义是历史的、具体的，随着国家的发展而发展，不同的历史条件下就会有不同的爱国主义情怀，不同的国家也会有不同的爱国教育战略，因此，爱国主义教育也相应具有不同的特征。在中国的土地上，人民早已对祖国产生了鞠躬尽瘁、死而后已的情感，在爱国主义教育方面也古承今用，既有鲜明的时代特色又有恒久的基本特征。泱泱大国，情满华夏，数千秋之风骚，领万代之情韵，沃野千里的地域孕育出了全民性、同一性、目的性、实践性的爱国主义教育。

（一）天下兴亡，匹夫有责的全民性

爱国从来不是一个人的事情，而是每一位国民最本分、最朴实的责任。所以，爱国主义教育的受众是每一位中国公民，中国梦是国家之梦，是中国

---

① 郑志发，黎辉. 爱国主义教育结构探析 [J]. 南昌大学学报（人文社会科学版），2005（5）：143–148.

② 习近平. 在庆祝中国共产党成立101周年大会上的讲话[EB/OL].（2021-07-01）. 中国政府网. http://www.gov.cn/xinwen/2021-07-01/content_5621847.htm.

共产党人之梦，更是每一位中华儿女之梦。中共中央、国务院在《关于加强和改进新形势下高校思想政治工作的意见》中提出"三全育人"，即全员全过程全方位育人。以此为鉴，爱国主义教育的全民性特征也可以广义概括为"三全育人"。爱国主义教育的全民性围绕着"民"字展开，首先是狭义全民性即数量上实现全员教育，将正确的国家观、民族观、历史观及文化观融入到爱国主义教育中，激发社会各界人士的爱国热情。以点带面，通过高校的青年爱国教育启发最具有活力的力量和思想，带动理性爱国的社会效应，把爱国主义精神和以实现中国梦为己任的责任感深植于每位中国公民心中，让家国情怀成为国民的必修课，成为国家发展和进步最坚实的后盾。其次是对全民的全过程教育，爱国主义教育不是一时的，不是权且的，而是一个恒久的、长期的工程。从出生到成长再到老去，每个阶段的人无不是爱国主义教育的对象，少年挥斥方遒，暮年壮心不已。将爱国主义教育融入课堂教学，融入思政指导，便是在教育的每一个阶段都注入爱国主义的灵魂和情怀。将爱国主义融入实践活动，融入各类媒体，便是从社会生活的点滴潜移默化地影响最广大人民，让他们自觉接受爱国主义教育的熏陶，深入了解爱国主义事业，坚定内心爱国追求。最后是对全民的全方位教育，爱国不仅是情感上的共情和激励，更是责任感和使命感的道德要求。人们在情感上对国家深厚的自豪感和爱护感起源于氏族部落时期依靠血缘关系建立起来的眷恋和归属之情，这种情感上的共情是爱国的体现，但并不能准确地称之为爱国主义，"爱国主义决不是狭隘的民族主义，是同促进历史发展密切联系在一起的，是同维护国家独立和广大人民的根本利益密切联系在一起的"[1]。爱国主义与政治、国家制度等有着密切的关系，蕴含着规则性、义务性的政治要求，因此爱国主义教育除了在思想引导上激励人民外，还需要从法律普及、制度规范、政治要求等各方面引导人民，深刻理解爱国主义的内在蕴意，推进爱

---

[1]　江泽民. 江泽民文选（第一卷）[M]. 北京：人民出版社，2006：120–124.

国教育全面纳入法治轨道。[①] 全方位的爱国主义教育更能使受教的广大公民明白爱党和爱国、爱社会主义的根本所在，明白国家主权、民族独立和国家尊严的重要性，明白如何爱国方能使中国有所发展和进步。

（二）万人操弓，共射一招，招无不中的同一性

《纲要》要求坚持以维护祖国统一和民族团结为发力方向，强调全国一盘棋是中华民族根本利益所在。在中国古代还没有国家主权概念时，先人们便对国家统一有着深深的执念和不懈的追求。唐代李贺求学遇挫时感慨"男儿何不带吴钩，收取关山五十州"，家国正值烽火动乱之际，李贺踌躇满志，心中无不满怀着为国奔赴沙场、收复关山的大志；宋代陆游临终前绝笔"死去元知万事空，但悲不见九州同"，用悲怆的语气叹息至死也未能看到祖国的统一，在失望之余仍希冀有一日国家可以收复失地，让祖孙后代能在家祭之时"告乃翁"；清朝黄遵宪目睹极具反抗意识和民族精神的台湾人民与倭寇拼死斗争，也目睹了清廷的懦弱无能和社会环境的剧变，在悲愤中直呼"人人效死誓死拒，万众一心谁敢侮"。国之高墙，其摧也易，其固也易，一摧一固便在于有否国家凝聚力和民族统一性，爱国主义教育的着力点也由此而生。教育人民要始终不渝地坚持民族团结，教育人民爱护中华每个民族和社会主义民族关系，教育人民要旗帜鲜明地反对任何分裂国家、破坏民族团结的行为，增强对祖国整体的认同感和自豪感，坚决维护国家主权、安全和发展利益。新中国成立后，毛泽东同志指出："国家的统一，人民的团结，国内外各民族的团结，这是我们的事业必定要胜利的基本保证。"[②] 由此，突出维护祖国统一和民族团结的主题是爱国主义教育的基本特征，我们要高举爱国主义、社会主义旗帜，并且紧紧抓牢大团结大发展大联合的主题，把十四亿中华儿女团结起来。

---

① 莫纪宏，诸悦. 爱国教育制度法治化研究 [J]. 江苏行政学院学报，2021（5）：119-129.

② 中共中央文献研究室. 毛泽东文集（第七卷）[M]. 北京：人民出版社，1999：120.

（三）先天下之忧而忧，后天下之乐而乐的目的性

爱国主义教育之所以不能简单地称为情感课程的一个重要原因就是其基本特征中较强的目的性。爱国主义教育深入开展形势政策教育和国情教育，帮助人民了解中国历史和社会变化，在把握基本矛盾和国情的基础上增强以人民利益为先、以国家利益为先的爱国意识，树立正确的爱国观、价值观、大局观。在没有接受爱国主义教育时，人们的爱国观通常是狭隘的、松散的，大多围绕着捐躯赴国难、戎马上战场而展开，鲜少会考虑到自己所爱的国家是否有发展前景，爱国的方式是否能给国家一个稳固的环境和长久的驱动力。任何民族、任何阶级的爱国主义，都不仅要强调爱国主义道德的政治要求，而且往往都要把政治性的道德准则，从道德规范体系中分离或独立出来，提高到政治准则的高度，政治具有目的性的特征也就决定了爱国主义教育具有同样的基本特征。①

（四）报国行赴难，古来皆共然的实践性

自古以来，爱国就不能仅仅停留在言语层面，而是要找到切实的落脚点。战火纷飞、烽烟四起的战争年代，要的是大义凛然、无畏牺牲、勇赴战场的爱国义士；日新月异、风起云涌的和平时代，要的是艰苦奋斗、义胆忠肝、心系国家的爱国人民。爱国是一种责任、一种坚持，更是一份勇气、一份担当，要把爱国之情、报国之志融入祖国改革发展的伟大事业之中、融入人民创造历史的伟大奋斗之中。深层次的爱国主义教育具有一个明显的特征，就是要将至诚爱国之情和忠贞强国之志转化为实践报国之行，通过丰富的教育形式将个人的爱国志向融入中国梦的生动实践之中去，把爱国主义精神和斗志与社会实践、生产劳动、建功立业相结合，让受教育者从自发爱国到自觉爱国，从精神爱国到行动爱国。《纲要》中也明确指出爱国主义教育坚持以立为本，重在建设，注重落在细节、落在实处的爱国行动，广泛开展实践活动、积极

---

① 吴潜涛，杨峻岭. 全面理解爱国主义的科学内涵 [J]. 高校理论战线，2011（10）：9-14.

丰富教育实际载体，爱国主义教育既要立足精神又要立足实践。

第二节 爱国主义教育的历史发展

马克思主义认为爱国主义是一个历史范畴，具有具体的、真实的属性，毛泽东同志也强调"爱国主义的具体内容，看在什么样的历史条件之下来决定"①。正所谓一个时代有一个时代的社会环境和国情形势，一辈人民有一辈人民的历史使命和爱国情怀，爱国主义教育的内容也不是一成不变的，在不同的历史方位，爱国主义教育有着不同的问题、挑战及思路、方法。随着中国特色社会主义事业蒸蒸日上，爱国主义教育的发展也呈螺旋式、阶梯式趋势，体现出鲜明的时代特征，聚焦于培养能够担当时代重任和民族复兴大任的爱国者。新中国成立前，爱国主义教育尚未成形，结构较为松散且发展迟缓，直至《中国人民政治协商会议共同纲领》规定了"爱祖国为全体国民的公德"后，爱国才被规定为国民责任和义务，爱国主义教育也开始初见雏形，始终在前进、法治、协调的社会制度变化中自我改善和强化，成为我国教育领域的关键环节。

一、爱国主义教育初始阶段基本情况及特征

新中国成立初期，爱国主义教育尚处于起步阶段，首次对爱国进行规范的文件是具有临时宪法性质的《中国人民政治协商会议共同纲领》，在第五章文化教育政策中强调提倡爱祖国、爱人民、爱劳动、爱科学、爱护公共财物为中华人民共和国全体公民的公德，以法律的形式将精神层面的爱国主义上升到了道德责任层面。革命成功后建立了人民民主专政的国家，在政治协商会议上各阶层爱国分子的意见基本一致，都专注于实现国家统一和民族复兴，初步形成了爱国主义统一理念和战线。1950年6月25日朝鲜战争爆发，美国军队罔顾国际公法，肆意妄为，把战火烧到了鸭绿江边，严重威胁我国

---

① 毛泽东. 毛泽东选集（第二卷）[M]. 北京：人民出版社，1991：520.

国家主权和人民安全，激起了中国人民的愤慨和反抗，抗美援朝运动轰轰烈烈地展开，一系列爱国运动也由此开展，比如 1951 年空前的爱国捐献运动以及上海教会学校的反美爱国行动，1952 年群众性质的爱国卫生运动以及中央爱国卫生运动委员会的成立。爱国主义教育以如此激烈的方式在群众心中生根发芽，成为中国国民爱国主义精神觉醒的一次重要事件。

1954 年，中央人民政府政务院根据国家过渡时期总任务制定《关于改进和发展中学教育的指示》，指出中学教育之目的就是培养出社会主义社会中能够全面发展的成员，并明确指出我们发展爱国主义教育就要培养学生对国家的热爱和献身社会主义建设事业的信心和志愿，加强学生国家观念。这是爱国主义教育首次以概念的形式出现在国家教育政策性文件之中。同年，国家成立中国基督教三自爱国运动委员会，国内各基督教会自发自愿签订了爱国公约，实现了自治、自养、自传，摆脱了外国的控制，在宗教领域实现了与人民相连、与国家相连。1963 年 3 月 5 日，毛泽东同志在《人民日报》上发表"向雷锋同志学习"的题词，呼吁全国人民向雷锋同志全心全意为人民服务的精神看齐，扎扎实实爱国，勤勤恳恳为民。1963 年，影视领域也逐渐向大众宣扬爱国主义，例如上映《小兵张嘎》，以诙谐夸张的手法讲述了少年爱国的决心和定力，爱国主义教育方式开始多元化。1966 年爆发的"文化大革命"被反革命集团恶意利用，给了刚起步的爱国主义教育事业当头一棒。由于国内形势的不稳定和经济发展的变动性，1949 年至 1978 年这个阶段的爱国主义教育虽已起步但进展相对缓慢，前期的建树被打乱，属于爱国主义教育的初始阶段。在这个阶段，爱国主义教育主要以巩固新政权和发展新中国国防、科技、经济等为导向，例如 1951 年元旦时节，《人民日报》首次明确提出新中国初期的爱国主义教育目标就是反帝反封建，就是保卫民主革命的胜利果实，就是拥护新民主主义，拥护最广大的劳动人民，就是拥护民主国家、全世界劳动人民的国际主义联盟。① 这在一定程度上激发

---

① 在伟大爱国主义旗帜下巩固我们的伟大祖国 [N]. 人民日报，1951-01-01（1）.

了国民的爱国主义精神和意识，但由于高等教育人才和爱国主义理论知识的匮乏，此阶段的爱国主义教育还不够规范化、体系化。

二、爱国主义教育恢复阶段基本情况及特征

党的十一届三中全会开启了中国特色社会主义建设的新发展道路，冲破了"文革"给人们设置的禁锢和枷锁，在重新确定解放思想、实事求是的基本路线的指导下，我国爱国主义教育也迎来了作为转折点的恢复阶段。1978年，我国《宪法》进行了第三次修改，对公民的爱国责任做出了更为详细的要求，从1954年规定"保卫祖国是中华人民共和国每一个公民的神圣职责"，到1975年规定公民要拥护中国共产党领导和社会主义制度、保卫祖国和抵抗侵略，再到1978年规定"公民必须拥护中国共产党的领导，拥护社会主义制度，维护祖国的统一和各民族的团结"及"保卫祖国和抵抗侵略"。从法律层面的变化可以看出爱国主义教育的时代要求和内涵逐步扩展充实和多样丰富。1978年4月22日，中共中央召开全国教育工作会议，邓小平同志强调，"我们的学校是为社会主义建设培养人才的地方……应该使受教育者在德育、智育、体育几方面都得到发展，成为有社会主义觉悟的有文化的劳动者"[①]。社会主义制度是我国发展的必要条件和重要基石，所以爱党和爱国、爱社会主义是协调一体的。此外，文化领域受到爱国主义教育影响也有扩大趋势，华语乐坛众多红歌唱响全国，教育形式和载体具有了人们更喜闻乐见的特点。改革开放以后，爱国主义教育特别重视与集体主义和生产劳动结合在一起，呼吁人民斗志昂扬投身于社会主义建设和改革之中，改革给爱国主义教育带来了实效。党的十一届三中全会后的爱国主义教育开始拨乱反正，通过各类规范文件引导爱国主义教育实现全民、全过程、全方位的发展。1981年2月25日，全国总工会、共青团中央等9个单位联合发出《关于开展文明礼貌活动的倡议》，掀起了一阵"五讲四美"的热潮，中央结合

---

① 邓小平.邓小平文选（第二卷）[M].北京：人民出版社，1994：103.

这次运动，加入"三热爱"，即"热爱祖国、热爱社会主义、热爱中国共产党"。1983 年 2 月，中共中央宣传部、文化部、教育部等 24 个单位发布了《1983 年继续开展"五讲四美三热爱"活动的意见》，鼓足干劲、做大做强新中国的精神文明建设，这个口号和倡议从乡村到城市，从干部到民众，尤其在青少年中如火如荼地传播起来。1983 年 7 月 2 日中共中央宣传部、中共中央书记处下发《关于加强爱国主义宣传教育的意见》，其中提到了爱国主义教育要从儿童时代抓起，使热爱祖国、热爱党、热爱社会主义三者融为一体，通过课堂课程、课外活动、教室布置等措施使学生受到爱国主义的熏陶，各级各类学校的教育要建立在爱国主义基本纲领上，以提高学生爱国觉悟为基点，把爱国精神和意识转变为报效祖国、服务人民的实际行动。1983 年 8 月，教育部发布《关于学习贯彻〈关于加强爱国主义宣传教育的意见〉的通知》，由党中央至国家机关，由上至下地对爱国主义教育进行科学规范。从上述两个文件不难看出，在爱国主义教育恢复阶段，其受众重心放在了青少年身上。1988 年中共中央颁布的《关于改革和加强中小学德育工作的通知》、1993 年中宣部、国家教委[①]等发布的《关于运用优秀影视片在全国中小学开展爱国主义教育的通知》，1994 年中宣部、广播电影电视部、国家教委等发布的《关于在全国农村中小学运用优秀影视片进行爱国主义教育的实施意见》等规定应国家政策和指示，专门规划并完善了全国青少年爱国主义教育体系，拓展了爱国主义教育的树人育人效能和价值。

　　1978 年至 1994 年，我国爱国主义教育恢复阶段最显著的特征是将爱党和爱国、爱社会主义结合在一起，将爱国教育与青少年教育结合在一起，通过十一届三中全会的拨乱反正，思想领域也迎来了改革开放，中央愈来愈重视精神文明建设。在解决了国家的政治问题和经济问题后，1979 年 9 月 29 日，叶剑英同志在庆祝中华人民共和国成立三十周年大会上强调："我们要在建设高度物质文明的同时，提高全民族的教育科学文化水平和健康水平，

---

① 　国家教委作为国家教育管理行政机构起止时间为 1985 年至 1998 年。

树立崇高的革命理想和革命道德风尚，发展高尚的丰富多彩的文化生活，建设高度的社会主义精神文明。"①引导国民树立爱国的革命理想和良好的道德风尚。1980 年 12 月 25 日，邓小平同志在中央工作会议上也强调："我们要建设的社会主义国家，不但要有高度的物质文明，而且要有高度的精神文明。"②爱国主义教育一步步与社会主义建设紧密相连，其时代性特征也逐渐凸显，随着社会发展阶段的不同，制度要求和任务的变化决定了爱国主义教育的时代性。

三、爱国主义教育发展阶段基本情况及特征

爱国主义教育进入发展阶段最突出的标志便是 1994 年 8 月 23 日中共中央印发的《爱国主义教育实施纲要》，作为我国第一部规范爱国主义教育实施的专门性纲要文件，其序言部分论述了爱国主义的重要性，即使时过境迁，爱国主义始终是推进我国乘风破浪的巨大力量，是各族人民共同的精神支柱；在主体内容部分，纲要从基本原则、重点教育对象、主要内容、爱国礼仪意识、教育基地建设、教育领导主体、先进典型模范、社会教育氛围八个方面确定了爱国主义教育大而化之的规划和实施细则，成为爱国主义教育跳跃性发展的强劲弹力。为促进《爱国主义教育实施纲要》落在实处、落出实效，1995 年 3 月，民政部确定了第一批爱国主义教育基地，共有上百处，1996 年 11 月国家教委、文化部等部门联合决定了百处爱国主义教育基地的命名，1997 年 7 月中宣部正式公布了首批爱国主义教育基地，积极鼓励广大群众前往参观并感受历史文化，其中坐落在重庆市的是歌乐山革命烈士陵园、重庆红岩革命纪念馆和邱少云烈士纪念馆三处。《爱国主义教育实施纲要》出台后便成了一个行动指南，极大地促进了爱国主义教育的巩固和发展。

---

① 中共中央文献研究室 . 三中全会以来重要文献选编（上）[M]. 北京：人民出版社，1982：234.

② 中共中央文献研究室 . 三中全会以来重要文献选编（上）[M]. 北京：人民出版社，1982：641.

自爱国主义教育恢复阶段开始，青少年便成了重要教育对象，在发展阶段，国家进一步强化了对青少年群体精神文明建设的关注和施政。1995 年5 月，中宣部、国家教委等部门联合共青团中央发布《关于向全国中小学推荐百种爱国主义教育图书的通知》，把学唱爱国主义歌曲、阅读图书和观看影片贯通起来，极大丰富了全国中小学生爱国主义教育的主要手段和重要途径。2004 年青少年爱国主义教育迅速发展，3 月 30 日，中共中央宣传部、教育部印发《中小学开展弘扬和培育民族精神教育实施纲要》，强调增强青少年对中华优秀传统文化和民族精神的认同感和自豪感的重要性，在于有利于培育能够担当中华民族复兴和实现中国梦大任的接班人；指出在为弘扬民族精神开展活动时坚持的基本原则就是以爱国主义教育为核心，结合历史与国情发扬中华美德和革命精神。同年 2 月 26 日，中共中央、国务院发布《关于进一步加强和改进未成年人思想道德建设的若干意见》（以下简称《意见》），《意见》指出未成年人思想道德建设的战略任务是以增强青少年爱国情感为起点，将培养和发扬民族精神作为焦点和重点，并启发青少年树立正确的世界观、人生观和价值观，坚定爱国、爱党、爱社会主义的理想信念。同年 9 月，确立了中国第一个"中小学弘扬和培育民族精神月"，要求各地在每年 9 月积极组织丰富多彩的宣传教育活动，开展主题鲜明的爱国主义教育活动。除了青少年群体，高校大学生同样是爱国主义教育的关注焦点，例如 2015 年中共中央办公厅、国务院办公厅印发《关于进一步加强和改进新形势下高校宣传思想工作的意见》，强调意识形态工作同样是国家和党工作中极为重要的一部分，全国各大高校是重要思想阵地，重点关注中国特色社会主义和中国梦教育。

2007 年 10 月，党的十七大强调锲而不舍地沿着中国特色社会主义法治道路前进，全面落实依法治国基本方略，爱国主义教育也同样步入法治发展阶段。2009 年 8 月，对《国旗法》做出修改，对法律责任条款重新规定，使相关禁止性规定更加严谨，保障了作为国家标识的国旗的正确使用，有利于增强国民的国家观念；2015 年，通过我国第一部国家安全性质的专门法律——《国家安全法》，其第十一条规定"维护国家主权、统一和领土完整是包括港澳同胞和台湾同胞在内的全中国人民的共同义务"；2016年，教育部、司法部等联合印发《青少年法治教育大纲》，对不同阶段所属教育提出了总体目标，从小学低年级开始便要引领学生初步建立国家、国籍、公民的概念，直至高等教育阶段深入了解国情和国策，坚定爱国之心；2017年，通过《国歌法》，其第一条明确提出规范国歌的奏唱，可以增强公民的国家观念，弘扬爱国主义精神，第十一条规定"中小学应当将国歌作为爱国主义教育的重要内容"；2018年，正式施行《中华人民共和国英雄烈士保护法》，加强对国家英雄烈士的法律保护，从法治层面有效保护英雄烈士形象和传播爱国主义精神，成了爱国主义教育的重要方式。

从1994年到2019年，国民经济保持着良好发展势头，在改革开放和"南方谈话"的影响下，诸多事业相继呈蓬勃向上的发展趋势。1994年6月14日，改革开放以来第二次全国教育工作会议召开，会议强调巩固和完善学校德育工作，发展高质量教育，对爱国主义教育进入快速发展阶段也是一剂良药。在这个阶段，爱国主义教育以建立长效发展机制为导向，首先是出台了第一部爱国主义教育专门性纲要文件；其次是进一步加强了对青少年的关注，同时把各个年龄阶段学生的思想政治教育提上国家爱国主义教育日程，极大丰富了爱国主义教育的方式和手段；最后，在全面依法治国方略的引导下，爱国主义教育相关政策也随着时代的变化更加全面化、多元化，党和国家通过完善相关法律法规进一步规范了爱国主义行为，为爱国主义教育的良好发展起到了保驾护航的作用。

四、爱国主义教育规范阶段基本情况及特征

2017年10月，习近平总书记在党的十九大作报告指出："经过长期努力，中国特色社会主义进入了新时代，这是我国发展新的历史方位。"[①] 在新时

---

① 习近平. 决胜全面建成小康社会　夺取新时代中国特色社会主义伟大胜利——在中国共产党第十九次全国代表大会上的报告 [J]. 求是，2017（21）：3-28.

代背景下，我国各个领域发展相继进入新阶段，迎接着新挑战，爱国主义教育也需要直面新时代的课题，把握新时代的特征，创造新时代的辉煌。因此，2019 年 11 月 12 日，中共中央、国务院联合印发了《新时代爱国主义教育实施纲要》（以下简称《纲要》），这是继 1994 年《爱国主义教育实施纲要》后根据时代要求再一次颁布的专门性爱国主义教育纲要，成了新的纲领性文件。在全面决胜建成小康社会的重要时期，中华民族儿女上下一心、共克时艰是决胜关键。站在新的历史方位，要凝聚起中华 14 亿儿女共担民族伟大复兴和共筑中国梦的磅礴力量，最有力且有效的办法是激发和巩固国民的爱国情怀，将国家命运、人民命运和个人命运紧紧联系在一起，只有这样才能激励每一位中国公民不畏困难、坚韧不拔地为社会主义事业奋斗终身，这个重任终究要落在爱国主义教育的"肩上"。随着中国特色社会主义步入新时代，社会主义现代化强国的战略任务也进入了冲刺阶段，对公民的责任感和使命感的要求也逐渐提高，我们要不断增强支撑起民族梦和国家梦的力量，做到全民把实现个人梦、家庭梦融入国家梦、民族梦之中。习近平总书记也多次强调强化爱国主义教育，铭记历史、坚定信念。《纲要》的发布，适应了新时代中国特色社会主义的发展要求，明确了中国人民应有的爱国热忱和行动导向，缓和了纷繁复杂的国际形势给我国带来的负面影响，有效规范了爱国主义教育的方方面面。

《纲要》序言部分着力强调爱国主义对我国建设和发展的重要性，是中国共产党 90 多年来伟大实践和事业的奋斗核心，是中国特色社会主义建设的精神动力。相比 1994 年《爱国主义教育实施纲要》，《纲要》的规范之处首先在于有力列举并丰富了爱国主义教育的实践载体，不仅仅依靠爱国主义教育基地的宣传和建设，在文化和娱乐多样化的社会条件下，节日、网络、景点等各方面都需要加强规范，充分挖掘各类载体中的爱国主义精神内涵，用好爱国主义教育资源，强化国民对民族和国家的认同感、归属感和责任感；其次《纲要》更注重教育法治化、制度化，在第五部分"营造新时代爱国主义教育的浓厚氛围"中新增强化制度和法治保障，要把爱国主义精神积极融入我国的法律法规、政策规定之中去，发挥指引、约束和规范作用。在全面依法治国方略引领下，爱国主义教育经过稳定、快速的发展阶段，这个阶段的爱国主义教育已经初步呈现规范化发展趋势，2019年《纲要》的出台结合了前发展阶段的成效和经验，集大成地推动了爱国主义教育进入新的规范阶段。为营造社会爱国主义教育氛围，此后相继出台了《新时代学校思想政治理论课改革创新实施方案》《关于新时代加强和改进思想政治工作的意见》等文件，其中都强调了爱国主义教育，包括爱国、爱党、爱社会主义、爱集体、爱人民等，要坚持以习近平新时代中国特色社会主义思想为指导，旗帜鲜明地为现代化建设和实现中华民族伟大复兴的中国梦服务，爱国主义教育与思想政治教育规范紧密地结合在了一起。

爱国主义教育进入规范阶段的主要特征是以纲领性文件为中心构建了教育战略和体系。以习近平新时代中国特色社会主义思想指导全党和国家行动成了新时代新要求，在这个阶段推动爱国主义教育常态化、规范化、制度化，广泛开展爱国主义宣传和弘扬民族精神亦成了新内涵新目标。2019年至今，多个重大历史事件的纪念日，例如新中国成立70周年、五四运动100周年，中国共产党成立101周年等，都掀起了爱国主义教育的高潮，同样也对爱国主义教育发展提出了新要求。历史是一面镜子，学史明理、学史明志，逐渐规范化、体系化的爱国主义教育要加强党史、新中国史、改革开放史、社会主义发展史教育，我们不仅要热爱党和祖国，更要热爱人民，用实际的行动把红色基因代代传承下去。在新时代的呼唤下，我国已初步形成了以《新时代爱国主义教育实施纲要》为导向，充分利用红色历史、红色基地、先进人物等载体的爱国主义教育战略和体系。

第三节　新时代爱国主义教育的机遇挑战

中国共产党带领全国各族人民持续奋斗，实现了第一个百年奋斗目标，正在向着全面建成社会主义现代化强国的第二个百年奋斗目标迈进。爱国主义教育话语是在教育实践的一定语境中形成的历史性产物，与时代变迁始终同步。① 新时代爱国主义教育将基于社会主义发展的机遇和挑战而产生属于自己的新机遇、新挑战。我国仍处于社会主义的初级阶段，还在不断探索对国家内生和外发的重大问题的认识和处理方式，还在寻求不同时代背景下国家发展的机遇，还在应对和探索发展新高度下的挑战和解决方案。正如事物的发展是一个螺旋上升的过程，对事物的认识也是一个逐渐深入的过程，要正确认识新时代爱国主义教育就需要一步步认识其发展道路和环境，认识其机遇与挑战，并在不断实践中寻找突破点和正向成效。

一、新时代爱国主义教育的现实困境

马克思主义唯物辩证法指出所有事物本质上的发展整体态势是向上的，即事物都是前进性和曲折性的辩证统一体，在《纲要》指导下，我国爱国主义教育在新时代背景下不断前进，但也由于自身局限性面临着一些现实困境。

（一）建设滞缓的爱国主义教育基地

据统计，截至 2019 年 9 月，我国爱国主义教育基地已经达到了 473 个，类型丰富，基本覆盖了中国共产党史、国史、改革开放史和社会主义发展史的重点红色纪念地、重要典型人物和重大历史事件。特别是党的十八大召开后，习近平总书记数次强调要利用好爱国主义教育基地，指出博物馆、纪念馆、党史馆等基地是国家和党的红色基因库，要利用好这些基因库讲好中国革命和改革，充分发挥其应有内涵和精神。现阶段，国家高度重视爱国主义教育基地建设，但各地建设情况参差不齐，管理水平高低不一，一定程度上降低了公众体验感。例如相较于博物馆、纪念馆，同样"书写"着红色历史的档案馆由于自身形式的单一和内容枯燥，受到的关注度不够，基础设施建设没有博物馆、纪念馆完善。以国家档案局为例，无论是教育投入资金还是

---

① 陈勇，李明珠．新时代大学生爱国主义教育话语体系优化的意义、困境与路径 [J]．思想教育研究，2021（12）：116-121.

教育队伍配置都有所不足，国家档案馆现有人员队伍的现状很难达到《研学旅行基地（营地）设施与服务规范》中要求建立相对稳定、兼专职相结合的指导教师队伍。[①] 馆内讲解员队伍的配置难题也是当代爱国主义教育基地建设的"疑难杂症"。

（二）缺乏"地气"的爱国主义教育话语

周恩来同志在1961年文艺工作座谈会和故事创作会议的讲话中提到"只要人民爱好，就有价值"。爱国主义教育所传授的理论和知识是党和人民长期积累的成果，时间跨度大，理论体系复杂，要具备人民喜闻乐见的特色就必须要贴近最广大人民的衣食住行，要恰当、接地气。首先在现在的思政课堂上，教育的难题在于教育者多依赖于教材的话语进行教学，较为生硬，这种缺乏鲜活性、互动性的爱国主义教育难以使学生在精神上产生共鸣，这也是为什么国家愈来愈重视教育基地建设，书本知识与身临其境相结合能让青年学生更深层次地接受精神洗礼；其次，中国历史的红色人物和事件的利用方式还不够细腻，那些红色故事也需要区分影响力群体和层次，针对不同年龄、不同地域的受众群体，爱国主义教育内容要有所侧重。例如当爱国主义教育针对的是青年学生团体时，应着重发扬五四精神、讲好青年故事；当针对的是最广大的劳动人民时，应着重发扬工匠精神、讲好基层故事。新时代爱国主义教育要想做到真正地入三观、入人心、入生命，就要用情、用智、用力。

（三）缺乏创新的爱国主义传播方式

面向全体人民开展生动、持久、深入的爱国主义教育，就需要把爱国主义融入人民生活全过程，融入社会主义发展各方面，在这个过程中如何运用传播方式成为关键节点。2021年2月3日，第47次《中国互联网络发展状

[①] 周林兴，邹莎. 文旅融合时代档案馆研学旅行基地建设：基础、困境与路径[J]. 档案与建设，2020（12）：17-21，32.

况统计报告》指出，截至 2020 年底，我国的网民规模达到了 9.89 亿，互联网普及率高达 70.4%，可见互联网在国民生活中占比分量极大，国家逐渐步入高度信息化、网络化的发展模式。较之过去的爱国主义教育，新时代爱国主义教育不仅要坚持用好用实传统的传播方式，还需要加以创新，加强在网络空间中的教育，唱响互联网爱国主义旋律。新生代潮流文化催生了一个新词"饭圈文化"，怎样在青少年着迷的"饭圈文化"中发展和弘扬爱国主义成为了新考验。① 要将这种带有强烈娱乐性质的文化形式与政治性较强的爱国主义相结合必然会有矛盾和冲突，但"天下无难事，只怕有心人"，实现爱国知识"插眼"化、红色人物"顶流"化、爱国言语"C 位"化，更多地贴近新青年群体熟悉的话语体系，便可以为爱国主义增添一份不一样的亲和力，结合课堂爱国主义教学，实现爱国主义精神在新一代青少年心中坚固扎根。

（四）体系尚缺的爱国主义教育规范

《纲要》的出台加强了我国爱国主义教育的规范化，在各地具体落实的过程中，应充分考虑不同民族习俗文化和革命特色，不同经济环境下人们的教育方式和面临的教育形势等因素，因地制宜地开展爱国主义教育。例如，山东青岛和江苏扬州先后发布关于地方贯彻落实《纲要》的通知，在具体内容上结合地方特色，很大程度上有利于本地人民更快更容易地增强对党、国家和社会主义的心理认同。但在实际工作中，仍有大部分地区尚未根据本地特色，对《纲要》进行深度解读，导致从中央到地方尚未形成完整统一的爱国主义教育规范体系，在一定程度上削弱了爱国主义教育的实际效果。

二、新时代爱国主义教育的历史机遇

"十四五"规划时期，我国绘制了新的发展蓝图，一方面，国内科技、

---

① 王晓燕. "饭圈文化"语境下学校爱国主义教育的困境与应对[J]. 中国德育，2020（16）：31-35.

政治、经济、文化各领域的发展都受限于棘手的现实问题；另一方面，当今国际社会正经历着百年未有之大变局，中国在国际上的地位愈发重要。面对新的挑战，习近平总书记强调要运用辩证的思维方式，并在中央外事工作会议上指出："党的十八大以来，党中央统筹国内国际两个大局，在保持外交大政方针连续性和稳定性的基础上，主动谋划，努力进取，对外工作取得显著成绩。我们着眼于新形势新任务，积极推动对外工作理论和实践创新，注重阐述中国梦的世界意义，丰富和平发展战略思想，强调建立以合作共赢为核心的新型国际关系，提出和贯彻正确义利观，倡导共同、综合、合作、可持续的安全观，推动构建新型大国关系，提出和践行亲诚惠容的周边外交理念、真实亲诚的对非工作方针。"① 爱国主义教育也应抓住新时代下的历史机遇，做到准确识变、科学应变、主动求变，实现新发展。

（一）抓住网络时代的科学技术，加快加深爱国主义教育的传播和发展

空对空的言说是不可能做好说理工作的，只有言之有物、言之有据的说理，网络爱国主义话语才能获得坚实的群众基础。② 网络化、信息化不断加深是现代社会发展最显著的趋势，爱国主义教育作为国家思想政治教育的重中之重，做到因时制宜、因势而上可以有效地促进社会主义精神文明建设，这便是一个时代机遇。首先，丰富的网络资源和便捷的学习通道给爱国主义教育提供了大量的传播途径和平台，例如通过红色影片、红色音乐等多样化形式激发受教育者的兴趣，此外还可以通过网络答题或知识竞赛的方式增加受教育者的好奇心，推动其在独立思考中进一步加深对爱国主义理论的记忆。同时，网络作为一个信息大熔炉，具有海量储存性的特征，其所建立的

---

① 习近平出席中央外事工作会议并发表重要讲话 [EB/OL].（2014—11—29）. 新华网，http://www.xinhuanet.com/politics/2014—11/29/c_1113457723.htm.

② 刘宇，华云 .《摆脱贫困》：网络爱国主义教育的新尝试 [J]. 中国广播电视学刊，2022（1）：50—51.

知识库能方便每位国民轻而易举地获得知识，这是纸质图书所难以实现的，爱国主义理论网络库的建立有力地打破了大众学习和了解相关爱国信息的禁锢；其二，网络具有极强且便利的互动性，随着科技的发展，通信技术也踏上快速发展的跑道，有了微信、微博、QQ等交流工具，在教育课堂外，师生之间、学生之间、甚至陌生人之间都可以相互交流爱国主义情感和心得，彻底打破了距离的限制，连接了信息发布者和接收者的及时想法和实时动态。除此之外，网络的包容性还打破了国与国之间的限制，为我国爱国主义教育话语实现全球化提供了有力保障；其三，网络信息碎片化的特点也有利于国民通过日复一日的耳濡目染将爱国主义学通学透，例如通过浏览"学习强国"中每日一句，日积月累下来便可极大丰富受教者的知识库而不耽误日常工作学习，同时还能随时随地关注最新的理论、国情等信息。

（二）抓住新时代国家教育政策的支持，展望爱国主义教育的远大前景

首先从规范文件来看，国家相继出台《新时代爱国主义教育实施纲要》《关于加强爱国主义宣传教育的意见》等规范性文件。《纲要》要求国家各级党委和政府部门承担起主体责任，把爱国主义教育纳入自身意识形态工作的重点项目，旨在发挥国家各类机关的引导作用，能够最大限度地调动广大人民群众的积极性；《关于加强爱国主义宣传教育的意见》强调，各类各级学校都要坚持学生教育从爱国主义教育入手，以培育和发扬学生的爱国主义觉悟和意识为起点，规范了各学校的教育目的和任务，为营造一个良好的爱国主义教育氛围提供了保障。这些中央文件的发布不仅给各级党组织和政府确立了为爱国主义教育冲锋开路的责任和压力，同时还为人民群众创新创造现有教育体系提供了交流和实践的平台。其次，从党和国家对爱国主义教育的态度来看，近几年关注度明显更高，倡导力更强。自党的十八大以来，习近平总书记也多次强调爱国主义教育的必要性和重要性，例如在党的十八届中共中央政治局第二十九次集体学习时强调"把爱国主义教育作为永恒主题，要

把爱国主义教育贯穿国民教育和精神文明建设全过程"[①]；在参观"英雄史诗 不朽丰碑——纪念中国工农红军长征胜利80周年主题展览"时强调"深入进行爱国主义教育和革命传统教育"。[②]中央对爱国主义教育的重视会形成自上而下的动力和正向激励情怀，在公众参与下，各方对爱国主义教育发展和创新的意见和建议都会得到重视。最后，我国爱国主义教育基础设施也在不断完善中，新时代背景下增加了百余个爱国主义教育基地，涉及中华传统节庆习俗和重大历史事件纪念的活动数量也增多了，规模也扩大了。为响应国家号召，各高校积极举办"四史"学习教育活动，以西南政法大学为例，近年来举办的党史类征文次数和组织参加党史博物馆、革命纪念地活动次数都达数十次，每次参观革命旧地时都会安排专业的思想政治工作者陪同并讲解。这些爱国主义教育基础设施的优质化改善和创造性利用，大大充实并丰富了新时代爱国主义教育的内涵，拓展了爱国主义教育阵地。

（三）适应新型国际地位的改变，迎接爱国主义教育新发展的机遇期

党的十八大以来，以习近平同志为核心的党中央洞察时代特征，就我国国情和世界发展现状做出了新的战略部署，指出我们正经历百年未有之大变局，而大变局的中枢就落脚于"变"。第一，国际力量对比正在变，英国脱欧等重大事件加剧了国际局势的动荡，在如此环境下"中国怎么办"，党中央以一系列创新理论和重要举措做出回答，中国在中国共产党的领导下不断巩固中国特色社会主义制度使之发光发热、变大变强，得到了众多国家的赞许和认可，证明了党的领导和中国特色社会主义制度具有强大优势，增强了国民的自我肯定、自我尊重、自我价值认同感。在艰难的国际局势中，我们国家始终不忘以民生为重，始终以人民利益为先，初心和使命坚定不移，让

---

① 大力弘扬伟大爱国主义精神 为实现中国梦提供精神支柱 [N]. 人民日报，2015-12-31（01）.

② 铭记红军丰功伟绩 弘扬伟大长征精神 [N]. 人民日报，2016-09-24（01）.

人民看到了国家的决心。在经济上顶着压力稳步前行，坚持不懈地同愿意进行友好外交的国家合作，例如成功召开 G20 峰会，稳定的经济发展和政治制度大大增加了社会稳定性，让人民更真切地感受到了爱党和爱国、爱社会主义的正确性，有助于从国情教育和形势政策教育层面开展新时代爱国主义教育。第二，世界局势正在变。新冠疫情对世界政治、经济都产生了极大的影响，全球经济发展滞缓，其中对爱国主义教育影响较大的是部分势力对中国进行舆论攻击，不断制造谣言企图破坏国民的凝聚力。尽管如此，我国发展依旧处于一个重要战略机遇期，虽说国际大环境的不稳定性、未知性明显增加，但和平与发展仍然是时代大势，任何势力都无法阻挡。在此次新冠疫情期间，中国捐赠物资、援助医护人员的行为不仅向世界各国展示了大国担当，更是增强了人民对祖国的自豪感和认同感。在国内，党和国家的正确决策和行动增强了人民对祖国的信任感和安全感，历时 10 天建成一个面积近 8 万平方米的雷神山医院让我们看到了中国速度，让中国人民最真切地感受到了中国力量、中国共产党力量和人民力量，在这次战疫过程中，无数共产党员冲锋而上、不畏生死、无惧劳苦的行为和精神正是新时代最好、最动人的爱国主义教育模范，看着这群"最美逆行者"的身影，对祖国无尽的热爱早已融化在每位国民心中。国正危难时，人心最易动，越是这种困难时刻，党和国家做得越好，便越能得民心、聚民意。第三，全球化趋势正在变。中国进入新时代后，全球化趋势进一步加深，人类命运共同体的特征愈发明显，虽然新冠疫情的突发导致全球化进程放缓，全球化结构发生了变化，但仍然呈多极化、"Z"字形发展模式。在这个变化中，部分西方国家的霸权主义陷入困境，但中国所提倡的人类命运共同体观念得到国际多方赞同，中国不断贡献力量和智慧的行为向世界展示了大国担当和特色制度取得的丰功伟绩，中国不干预、不威胁、不霸权的行为赢得了国际尊重，为爱国主义教育提供了一个和平的国际环境，而我国坚定不移地沿着中国特色社会主义道路前行，鲜明坚持一个中国的原则有利于国民理解爱国、爱党、爱社会主义的核心要义。

第四节　新时代爱国主义教育的使命担当

爱国主义教育作为政治性较强的引导性教育，具有目标明确的特点。作为精神文明建设，爱国主义教育通常以青少年教育为重心，面向全民，《颜氏家训·勉学》言："人生小幼，精神专利，长成已后，思虑散逸，固须早教，勿失机也。"即人在幼小时精神较为专一，成长越深思虑便越分散，所以颜之推认为教育需趁早，不要失掉最佳的教育机会。① 爱国主义教育亦是注意到了这点，始终抓住青少年这个群体，使之承担起拔高国家爱国主义教育出发点觉悟的使命。除了教育对象外，我国爱国主义教育在主旋律上也是始终如一，坚持爱国、爱党、爱社会主义，最终实现中华民族伟大复兴的中国梦。爱国主义教育除了具有政治引领性外，还具有鲜明的时代特征，革命年代爱国主义教育以国家独立和民族自强为中心，新中国时期爱国主义教育以国家复兴和民族统一为中心，新时代亦有新的独特历史使命和担当。在被记者问到制定《纲要》的基本考量和意义时，中宣部负责人回答道，中国特色社会主义已经进入了新时代，首先是要将习近平总书记的系列重要精神和讲话内容贯穿教育始终，其次要深刻把握新历史方位下中国特色社会主义发展需求并将其贯穿教育始终，最后对新时代下人民新的需求和愿望做出新的规划和战略部署，要使新时代爱国主义教育具有"指导性、针对性和可操作性"。② 因此，新时代爱国主义教育不仅要承继传统爱国主义教育的任务，还需要结合时代要求承担新的使命和担当。

一、新时代爱国主义教育的时代要求

在新时代动力的驱动下，中国梦历经万千考验终是进入了一个重大、关

---

① 颜之推著. 檀作文译注. 颜氏家训 [M]. 北京：中华书局，2007：10.
② 中央宣传部负责人就《新时代爱国主义教育实施纲要》答记者问 [EB/OL].（2019-11-13）.
光明网，https://m.gmw.cn/baijia/2019-11/13/33316541.html.

键的新节点，从爱党和爱国、爱社会主义相统一到把个人梦、家庭梦融入国家梦、民族梦之中的情感深入，从树爱国之情、立爱国之志到践爱国之行、投爱国之业的行动深化，都是时代的择优选择。纵观《纲要》，结合国情和形势，新时代爱国主义教育的时代要求具体包括以下几方面。

（一）以习近平新时代中国特色社会主义思想指导全过程、完善总体系、教育全国人民

以习近平同志为核心的党中央向人民郑重承诺，实现中华民族伟大复兴的中国梦是党和国家始终如一的初心和使命，赋予了爱国主义新的内涵。新时代比过去任何时候都要接近实现中国梦，这个中国梦承载了中国好几辈人的心血和夙愿。中国从辉煌到落寞，在中国共产党的领导下才一步步重整旗鼓。正是经历过从最繁华到最低谷的变化才会深刻懂得民族复兴和国家独立的意义，直至进入新时代，这个装满了期待和努力的中国梦向我们抛出了清晰可望的希望。习近平新时代中国特色社会主义思想在这个紧要关头将实现中国梦放在了重要战略地位，将党的初心使命、国家的政策追求、人民的期待向往放在一个层面上，道出了广大人民群众内心的期盼和愿景，是新时代爱国主义教育处于新时代下的应有之义。"精忠报国"是每个中华儿女毕生应该追求的目标，"我将无我，不负人民"的赤胆忠心，习近平总书记系列重要讲话和经典语录蕴含的爱国情怀和大义担当，都是新时代爱国主义教育的重要指导。爱国主义教育作为思想政治建设的重要一环，必须要将习近平新时代中国特色社会主义思想贯彻始终。

（二）做好中国特色社会主义和中国梦的教育相衔接

习近平总书记在国家博物馆参观《复兴之路》展览时指出，经过鸦片战争以来170多年的持续奋斗，中华民族伟大复兴展现出光明的前景。现在，我们比历史上任何时期都更接近中华民族伟大复兴的目标，比历史上任何时

期都更有信心、有能力实现这个目标。[1]但我国社会主义仍然处于初级阶段，导致我国的社会主义道路仍然是艰难、不容易的。所以新时代爱国主义教育尤其要注重我国的国情和形势政策教育，准确把握我国现阶段的基本国情，指导人民群众树立正确的国家观、民族观和价值观。针对社会主要矛盾的变化和"四个全面"战略布局，新时代爱国主义教育也需要有所调整，衔接新阶段新要求。面对新冠疫情带来的国际局势不稳定、经济不景气等现象，党和国家做出一系列重大部署坚定战略目标、顶住环境压力，带领人民最终取得了胜利，打赢了脱贫攻坚战，这种重大事件中为民服务、问计于民的实践和精神对于新时代爱国主义教育的完善具有借鉴意义，《纲要》的出台也体现了这点。《纲要》出台前，中宣部曾多次征求地方相关部门、专业领域学者、基层领导人员等的意见，体现了广纳民意、坚持群众路线的特征。由此可见，新时代爱国主义教育的建设需要仔细分析国情和政策，以往鉴来，做到与国家变化相衔接、与民意变化相衔接，做到能正向反作用于国家经济基础。

（三）做到理论学识教育和爱国情感教育相统一

《纲要》用了大篇幅的内容强调了学习的重要性，学习"四史"、学习中华优秀传统文化、学习国家安全知识等，还提出我国知识分子历来便有强烈的社会责任感和浓厚的家国情怀，应当在广大知识分子之间积极弘扬爱国奋斗精神。学习理论知识不是唯一的社会技能要求，却是开启民智、打开思维最好、最有力的方式。正所谓"学而不思则罔，思而不学则殆"，爱国主义教育要取得更好的结果，最好的办法是将提高国民的知识水平和培育爱国情怀相结合，在加强国民基础接受和理解能力的基础上便可以更高效率、更广泛地促进国民对爱国主义的透彻思考。其一，学校是青少年成长的重要场所，知识是拓开学生思维最有力的载体，学校应当充分发挥课堂教学的优势，

---

[1] 习近平：承前启后 继往开来 继续朝着中华民族伟大复兴目标奋勇前进 [EB/OL].（2012-11-29）. 新华网, http://www.xinhuanet.com/politics/2012-11/29/c_113852724.htm.

针对不同年级阶段学生的认识和理解能力，开展不同层次和方式的教学，例如针对低年级的趣味启发教育、针对高年级的实践活动教育等。其二，针对全民教育，注重从生活的点滴入手。随着互联网技术渗透公民生活，利用网络开展爱国主义知识理论学习成为新互联网时代的重任，将"四史"、爱国主义故事、中华文化内涵等融入网络碎片化信息库。马克思主义认识论认为，感性认识是理性认识的基础，理性认识是感性认识的升华，感性认识与理性认识统一于社会实践。在新时代爱国主义教育中，爱国情感教育是基础，理论知识教育是升华，实践奋斗教育是载体。在学校中突破知识教学的单一性融入情感教育，在社会上坚持理论学习与情感培育相统一于实践，真正做到新时代爱国主义教育成为全面教育、素质教育、深层教育。

（四）做到聚焦青少年教育与全民教育相结合

积极发挥主体作用，持续丰富教学举措，大力完善育人环境，全面深化青少年的爱国情感，坚定强国志向，从而促成报国行动。[①]《纲要》强调新时代爱国主义教育要面向全体人民、聚焦青少年。自爱国主义教育开展以来，青少年作为重点人群与全民作为基本人群的认知始终如一。党的十八大以来，党和国家更加强调对青少年群体的培养和关注，习近平总书记多次通过回信、座谈等方式寄语青少年，让广大青少年感受到党和国家对他们的关怀和期望。例如在中国少年先锋队第七次全国代表大会代表时的重要讲话、在北京大学师生座谈会、在党的十八届中央政治局的第二十九次集体学习等会议和重要讲话中习近平总书记都强调了爱国主义教育聚焦青少年群体的必要性和重要性。在信息全球化趋势日渐深化的新时代，部分势力通过媒体对我国进行文化渗透的行为愈演愈烈，热衷于网络娱乐的青少年群体自然而然成了众矢之的，如果不加强防备和警惕，中国青少年的价值观念就极其容易在无形之中被带偏。因此，新时代爱国主义教育必须在复杂多样的网络地带

做好青少年意识形态工作，教育者要切实了解青少年学习、活动领域，实现对青少年的全方位关心关注是新时代对爱国主义教育提出的新要求。新时代对爱国主义全民教育提出的新要求就是通过多样化的教育方式对农村的人民群众、在外求学工作人员等群体开展爱国主义教育，实现面向全体人民，而不是针对某一部分人的特殊教育。

二、新时代爱国主义教育要立足中国面向世界

在中国发展面临抉择之际，中国共产党领导并开展的中国改革，绝不是故步自封、闭关锁国的改革，而是采取以"自力更生为主，争取外援为辅"的革命方针的改革。20世纪90年代，时任联合国秘书长加利宣布世界进入了全球化时代，这是一个多领域、全方位的开放时代，交流是常态，合作是主流，走自我孤立、闭门谢客的道路是难以发展的。进入以和平与发展为主题的时代后，"全球化"更是成了世界人民耳熟能详的概念，文化、政治、经济全球化成为新时代特征。尽管各种国际冲突，加剧了去全球化趋势，但这仅是短期内的影响，从长远来看全球化仍然是不可阻挡的时代大势。此外，《纲要》同样强调坚持立足中国和面向世界相结合的重要性，即"一个国家、一个民族，只有开放兼容，才能富强兴盛"。换言之，我们要坚持独立自主基本原则，增强中华儿女对祖国的自豪感、自信心、自尊心，又要展示大国风范，尊重各国文化思想，尊重各国政治特点，并从对外开放中吸取对发展我国爱国主义教育有帮助的先进经验。因此，新时代爱国主义教育既要立足中国，又要面向世界。

第一，新时代爱国主义教育要坚持立足中国的前提。中国历史上不乏对国家发展模式的摸索，从清朝的闭关锁国到洋务运动，从近代辛亥革命的失败到第一次国共合作的失败，无数血泪经验告诉我们独立自主、维护主权的重要性，从城市革命道路失败到形成"农村包围城市，武装夺取政权"的正确革命道路，从照本宣科地采用马克思主义到形成毛泽东思想，从生搬硬套苏联社会主义发展模式到独树一帜地开创并建设中国特色社会主义的发展

模式，我们党领导人民在革命、建设、改革过程中得出了立足中国实际的根本真理。中国无论身处何阶段、面临何环境，都应该坚持立足自身，维护国家主权和领土完整的基本原则，新时代下的爱国主义教育同样必须坚持立足中国，从中国实际、实时情况出发，走好中国特色社会主义道路，让党、国家和社会主义由内而外地散发光芒。正所谓家是最小国，国是千万家，从某种意义上说每个人的家乡就是祖国最贴近个人的具体体现，所以在开展新时代爱国主义教育时理应重视传播和发掘每个地方的风土人情和人文情怀，引导人民产生对小家的热爱，再通过教育与实践促进人民将对小家的热爱上升为对国家、党和社会主义事业的认同。古语有言因材施教、因地制宜，爱国主义教育作为新时代国之大计、社稷之重任，肩负着为中国特色社会主义事业育新人、举旗帜、弘大德的任务，在新时代我们有着独一无二的机遇、独树一帜的制度、源远流长的文化，这些都决定了我国爱国主义教育必须走具有中国特色、扎根中国大地的新发展道路，这是一条充满希望的路，也是中国特色社会主义事业发展的必经之路，习近平总书记在回望党的百年历程，直面时代环境时提到我们走自己的路，"我们走中国特色社会主义道路，具有无比广阔的时代舞台，具有无比深厚的历史底蕴，具有无比强大的前进定力"①。在风起云涌、复杂多变的国际形势下，坚定不移地发展中国制度、中国道路、中国力量就是抵御冲击的中流砥柱！

第二，新时代爱国主义教育要坚持面向世界的大局。中华传统文化，例如道家和儒家，都追求天下大同的哲学理念，社会学大家费孝通先生就处理不同的文化关系提出著名的十六字箴言，即"各美其美，美人之美，美美与共，天下大同"。换言之，就是在发展文化时首先要发现自身的美，然后尊重并欣赏他国的优秀文化，最后协和万邦、相互赞赏，便可以使全人类达到一个理想的相处模式，其核心思想总结起来就是坚持立足自身与面向世界的

---

① 习近平.决胜全面建成小康社会 夺取新时代中国特色社会主义伟大胜利——在中国共产党第十九次全国代表大会上的报告 [J]. 求是，2017（21）：3-28.

辩证统一。这十六字箴言不仅适用于文化关系处理，也是教育关系发展的认识真理。自改革开放以来，中国共产党便积极统筹国内国外两个大局，坚定不移地走对外开放的道路，形成了多层次、宽领域、全方位的开放格局。习近平总书记在庆祝中国共产党成立 101 周年大会上也强调："中国共产党关注人类前途命运，同世界上一切进步力量携手前进，中国始终是世界和平的建设者、全球发展的贡献者、国际秩序的维护者！"① 新时代爱国主义教育要贴合中国战略思想与政策指向，我们要勇敢地加入全球化、现代化进程，坦然接受并推进建设人类命运共同体。具体而言，面向世界的爱国主义教育，就是要引导人们树立世界眼光、紧跟时代步伐、保持开放心态，在比较鉴别中认清本国与他国，在博采众长、自主吸收中实现国家发展目标。② 新时代爱国主义教育面向世界是现实的必然选择，科技的发达、信息的透明、交流的深化等新时代发展特色让人们清楚地认识到世界各国之间相互尊重、互帮互助、借鉴合作的必要性。人类命运休戚相关，决定了各国教育事业发展也将息息相关，例如教育方式、教育平台、教育基础设施建设等都可以借鉴他国优秀发展经验，博采众长、集思广益，避免由于闭塞教育导致的民粹主义、极端民族主义等错误思想。只有与世界发展速度接轨才能以新姿态迎接新挑战。经过多次全球性危机影响，人们已经认识到国家之间必然的、紧密的关系网，在世界村中所有的发展都不可避免地交互联系着。爱国主义教育不仅强调国家主权在国内的最高地位，还有国际地位的高低程度，正是在与他国文化、思想、制度做比较时才更能突出我国的民族性和独特性，同时世界的挑战也能促进我们发现自身爱国主义教育所存在的问题和不足，从长远来看爱国主义教育面向世界带给我们的利远大于弊。综上，随着我国越来越靠近世界舞台的中心，机遇和挑战也就越大，新时代爱国主义教育应当弄清楚自

---

① 习近平. 在庆祝中国共产党成立 101 周年大会上的讲话 [N]. 北京：人民出版社，2021：16.

② 崔晓丹，彭庆红. 爱国主义教育中应正确认识和处理的几个关系 [J]. 思想理论教育导刊，2020（5）：71–75.

身需求，保持爱国主义教育的民族性和世界性，协调做好立足中国与面向世界的结合。

三、固本培元，凝心铸魂，培养社会主义事业合格建设者和接班人

《新时代爱国主义教育实施纲要》强调："培养社会主义建设者和接班人，首先要培养学生的爱国情怀"，培养学生最重要的环节就是教育，通过坚持党的领导、摸索教育规律实现凝心铸魂、固本培元，为时代树精神、育新人。在教育过程中，教师运用他们专业的优势和他们同学生之间的"天然"关系，维系着学校的社会环境和知识环境。教师往往是学生除了父母之外最为信任的人，不经意间的一句话就有可能影响到学生的一生，所以更要谨言慎语，时时考虑为学生提供正能量。[①] 因此，新时代爱国主义教育实现为社会主义事业培育合格建设者和接班人的第一步也是重要一步就是建设一支有时代洞察力的教育队伍，能够在新要求、新使命下培育出社会主义事业所需要的合格建设者和接班人。

习近平总书记 2018 年参加全国教育大会时强调，党的十八大以来，我们围绕培养什么人、怎样培养人、为谁培养人这一根本问题，全面加强党对教育工作的领导，坚持立德树人，加强学校思想政治工作，推进教育改革，加快补齐教育短板。[②] 具体而言，第一个使命是教育队伍要培育拥护中国特色社会主义和中国共产党的领导，始终寄托于中华民族大家庭，立志为中国梦和民族复兴奋斗终身的人。前有周恩来背井离乡，立志为中华之崛起而读书；后有李大钊游学归来，苦寻中华民族复兴之道路。他们生于国难当头的

---

① 曲建武，张晓静.新时代大学生爱国主义教育的三个维度[J].思想教育研究，2021（10）：123–128.

② 习近平在全国教育大会上强调：坚持中国特色社会主义教育发展道路 培养德智体美劳全面发展的社会主义建设者和接班人 [EB/OL].（2018–9–10）.教育部政府门户网站，http://www.moe.gov.cn/jyb_xwfb/s6052/moe_838/201809/t20180910_348145.html.

时代却不淹没于自暴自弃者之流，我们立于国富民康的时代仍不能忘扎根在中国土壤的根，这片土壤上有无数革命前辈和优秀党员洒下的热血，承载着数千年中华历史传承的精神和力量。新时代爱国主义教育要培育的时代新人既要有理想信念，又要有家国情怀；既能立爱国之志，又能践爱国之行；既坚持遵循社会主义核心价值观，又坚持行知合一，一心扑在新时代社会主义事业建设上。新时代青年要有思想的根本遵循，也要有内心的坚定信仰。第二个使命是新时代爱国主义教育队伍要把握好教育的方式，组织好爱国教育实践，办好思想政治教育课程。首先，在思想上，坚持马克思列宁主义、毛泽东思想、邓小平理论、"三个代表"重要思想、科学发展观、习近平新时代中国特色社会主义思想的领航作用，这是我国教育事业的鲜明特色。学校教育虽不是完全的政治教育，但却是政治引领下的学识教育，随着学识教育内容的多元化，学生的视野已开阔到世界范围，在各种思想不断地冲击和碰撞下，爱国主义教育必须强化指导思想，防止接班人出现迷失自我、片面极端的思想。其次，在形式上，虽然针对新时代爱国主义教育提倡理论学识教育和爱国情感教育相结合，但是二者从方式上来说是不一样的。著名教育家梁漱溟在其文集《东西人的教育之不同》中提道："中国人的教育偏着在情意的一边，例如孝弟……之教；西洋人的教育偏着知的一边，例如诸自然科学……之教。"[1] 理论学识教育的方式偏西方教育形式，适合采取理性方式，可以通过传输、互动、交流呈现高质量成果，而爱国情感教育偏东方教育形式，是一种思维养成教育，其输出方式应当尽量多样化，不仅要培养及铸造，还需要付诸实践予以巩固。新时代爱国主义教育者需要从思想和形式多维角度去把握怎样培育社会主义事业合格建设者和接班人。最后，新时代爱国主义教育队伍要始终牢记为党育人、为国育才的历史使命，这一使命决定了我国爱国教育的唯一航线和最终目的。在当代中国，爱国主义就是坚持爱国和爱党、爱社会主义高度统一，这是由爱国主义的时代内涵、中国共产党的政

---

① 梁漱溟. 教育与人生——梁漱溟教育文集 [M]. 北京：当代中国出版社，2012：2-7.

党性质、中华人民共和国的国体性质和中国特色社会主义的本质特征所决定的。新时代为国家培育新人就是为党培育新人，为党培育新人就是为中国特色社会主义事业培育新人。

第二章　新时代爱国主义教育的基本内容

党和国家历来都十分重视爱国主义教育，爱国主义基本内涵的战略安排在不同时代背景下也在改变，处于新时代的今天，百年目标一步步实现、国际地位一点点提高，人民幸福感一层层增加都是前进的成果。开展新时代爱国主义教育不能再抱残守缺，而是需要紧紧围绕中国梦和民族复兴这一鲜明时代主题，深入开展时代意识与情怀的教育培养，广泛开展好党史、新中国史、改革开放史、社会主义发展史教育，引导受教育者把握新时代下的国情和形势，引导受教育者把爱党和爱国、爱社会主义结合起来，循着爱国主义教育多年的成功经验，结合新的时代背景赋予爱国主义教育新的基本内容。

第一节　国情和形势政策教育

爱国最基本的要求就是了解国家，只有在充分了解祖国的基础上，才能自觉地坚定对祖国的信任与热爱，而想了解一个国家，最快速、最重要的就是了解其国情和形势政策。其一，充分了解形势政策和国情对了解爱国主义教育在新时代下的行动指南和发展要求大有裨益。就当前的爱国教育成效来看，国民的爱国意识已经普遍觉醒并拥有了初步理性爱国精神，但如果不普及国情和形势政策教育，爱国的行动便无法跟上时代潮流，无法与国家发展目标和需求相结合，人才培养便会缺乏进步性和适应性。其二，加强形势政策教育和国情教育可以让受教育者在一定程度上认识到我国独特的社会环境、独特的发展机遇、独特的文化制度等。要实现国家高质量现代化发展，立足国家、热爱人民、拥护党的领导具有必要性和重要性。在对我国国情和形势政策变化的认识过程中，人民能够看到中国长久以来的飞速进步。以教育事业发展为例，新中国成立至今，我国教育事业仅用了 70 余年就进入了世界中上等水平，由此可见我们政党的优势和制度的正确，这为我们发展爱国主义教育提供了有力的事实基础。综上所述，我们发展新时代爱国主义教育要积极借鉴马克思主义中国化的成功经验，要结合国情谈教育，所有离开本国土壤谈高效使用的模式都是无本之木。

一、开展国情教育，准确把握基本国情

古语有言"审时度势"，这解释了马克思主义的基本观点："事物是变化发展的。"人们对事物本质的认识会随着时间的推进和物质生活的不断完善而发生变化。新中国成立以来，在中国共产党的正确领导下，我们的国家实现了从站起来、富起来、强起来的历史转变。只有立足当前国情，才能培育出更具有敏锐洞察力和高度适应性的时代新人，培育出能够把握国家境遇而投身社会主义事业的爱国主义新青年。《周易·益卦》有言"凡益之道，与时偕行"，但凡事物欲寻求长久增益之效果，就必须要顺应时间变化，并在一定时机以特定形式转化出成果以促发展。事物发展都是变则通、通则久，要谋划新时代爱国主义教育发展战略等各项工作，就离不开分析其所处时代背景的变化，在变化中找寻教育规律。

正确认识我国的国内国际环境、深刻理解我国基本国情，是党和国家制定爱国主义教育方针和政策的基础，是做到固本培元、凝心聚魂，培育社会主义事业合格接班人和建设者的关键途径。因此，开展基本国情教育在新时代爱国主义教育体系中具有极为重要的地位。具体而言，结合《新时代爱国主义教育实施纲要》，我国现阶段的基本国情可以分为以下两个方面。

（一）清晰定位"两个没有变"的基本国情

"两个没有变"即我国仍然处于并将长期处于社会主义初级阶段的基本国情没有变及我国是世界最大发展中国家的国际地位没有变。自新中国成立后，国家快速实现了恢复国民经济、进入社会主义的阶段性目标，尤其在改

革开放以后，生产力得到不断解放和发展，先后取得了全面对外开放、建立社会主义市场经济体制、全面建成小康社会等伟大成就，我国逐渐由社会主义大国转向社会主义强国，在如此辉煌成就下党和国家并未沾沾自喜或盲目自信，而是十分清醒地提出了我国国情还有两个"没有变"。

其一，我国仍然处于并且将在未来长期处于社会主义初级阶段。社会主义初级阶段是马克思主义与中国具体实际相结合的独特产物，并不是每个社会主义国家都必须要经历的。我国第一次提出社会主义初级阶段是在新中国成立 30 周年庆典，会上叶剑英同志初步表露了我国仍然处于社会主义初级阶段的思想，这是一次对我国国情正确判断的转折点。[①] 在新中国成立后，我国经济恢复迅速，用 3 年时间里提前完成第一个五年计划，7 年时间实现社会主义基本改造并初步建立了社会主义制度，正是在这令人瞠目结舌的发展速度影响下，少数人开始对国情产生错误的判断，认为我国的实力已经允许我们"跑步"进入共产主义社会，并在全国开展"大跃进"运动和人民公社化运动，严重打乱了我国经济秩序，浪费了大量的人力和物资。而在 1962 年艰难纠正这次"左"倾盲目主义错误后，1966 年由于受到反革命集团的利用，我国又陷入"文化大革命"的困境，将近 20 年曲折的改革历程都是因为对我国的基本国情没有一个正确的认知。中国不同于任何一个国家，有属于自己的发展环境，在总结错误中中国共产党找到了正确的发展道路，即中国特色社会主义道路，在思想矫正活动中正确认识了我国基本国情，即我国处于并将长期处于社会主义初级阶段。

社会主义初级阶段这个概念的初步提出，引起了国人的广泛关注，在1987 年党的十三大会议上，党中央周详提出我国社会主义初级阶段的基本特征、含义、任务、基本路线等内容，强调我国的所有工作必须从社会主义初级阶段这个基本国情出发，不可越过此阶段。认识社会主义的阶段性成果正是中国实践与马克思主义相结合的第二次飞跃的体现，一切从实际出发，

---

① 曹普. 社会主义初级阶段论的确立和发展 [N]. 光明日报，2012–11–21（11）.

科学理解社会主义建设的情况，换言之社会主义初级阶段的创造性提出是马克思主义认识论在中国的结晶。我国所处的社会主义初级阶段建立在商品经济不发达、生产力落后的基础上，是社会主义建设必然要经历的特定阶段。由于中国是一个幅员辽阔的国家且曾经长期经受半殖民地半封建社会摧残，落后的面貌不是一朝一夕就能够改变的。尽管新中国成立后，经过党和人民的不懈努力，国民经济水平有了大幅提高，社会生产力有了较高的发展，但国家发展状况依然符合社会主义初级阶段的基本特征。社会主义初级阶段的基本特征可以简单概括为两个方面，即一方面消灭了旧社会的剥削阶级和剥削制度，基本确立了社会主义经济制度、社会主义政治制度、马克思主义的指导地位等，国家在经济发展、文化思想、制度建设等各方面都取得了极大的发展实效；另一方面，经济基础还无法满足社会主义公有制所必需的生产社会化程度，远远无法达到共产主义生产力水平，上层建筑还存在诸多不足。中国进入新时代以来，这些不足虽然得到了极大的改进，但我国经济社会发展仍然存在着不少短板，关键领域改革仍处于攻坚期，例如城市之间、城乡之间的发展不平衡，经济发展质量还有待提高等。

在清晰认识到我国仍处于并将长期处于社会主义初级阶段基本国情后，就能深刻理解我国在此阶段的爱国主义教育的基本使命、根本目的和根本任务的时代内涵，进而有针对性地开展具有时代适应性的爱国主义教育，引导公民广泛地自觉地投身到中国特色社会主义的伟大实践中，为社会主义事业终身奋斗。由于存在个体差异，新时代爱国主义教育具有层次性。通过有机结合个体的差异性和爱国主义教育层次性，因材施教，针对不同群体开展不同的教育引导，实现爱国主义教育的不同层级目标，进而激发全体人民的爱国之心、报国之志，保障全体人民能在基本原则和底线上保持一致，在此基础上再鼓励具有先进意识的人发挥带头引领作用，尤其是教育引导党员干部发挥模范带头作用。

其二，我国仍是世界最大发展中国家。首先，我国仍然是一个典型的发展中国家，直至今天，对于发展中国家仍然没有一个官方的精确概念诠释。

从发展中国家存在的形式来看，其定义多是根据国际上约定俗成的特征来划分，此类特征具体为：因殖民统治、政府不当干预、单一发展资源等原因，国家的市场经济不够发达，还未处于或依旧处于工业化阶段；生活水平和生产力低下导致社会二元结构较为明显，资本存量、技术水平等较发达国家仍有一定差距；人口增长速度快、对农业经济依赖性较强、经济结构单一、现代化程度还不够高等。[1] 中国虽然进入新时代，仍然还有许多发展中国家固有的发展矛盾，尤其是我国社会主要矛盾发生变化以后，我们党和国家的工作面对许多新要求，要着力解决好发展不平衡不充分问题，大力提升发展质量和效益，更好满足人民在经济、政治、文化、社会、生态等方面日益增长的需要，更好推动人的全面发展、社会全面进步。其次，我国是世界上最大的发展中国家，制造业规模世界第一、高等教育总规模世界第一，经济总量也不断逐年增长，成了世界第二大经济体。立足这一实际，我国爱国主义教育的新时代使命就是实现从教育大国向教育强国的转化，优化教育结构和质量，发展中国特色的优质教育。中共中央、国务院印发的《中国教育现代化2035》提到要推进教育理念、制度体系、内容方法现代化等目标的实现，发展中国特色世界先进水平的优质教育，广泛开展理想信念教育，厚植爱国主义情怀，全面落实立德树人根本任务。[2] 因此，要保障爱国教育高质量、全方位、多样化的发展模式，鼓励爱国主义教育向基层、向乡村、向青少年群体深入普及，形成具有活力、富有创新、有利于推进爱国主义教育现代化的体系机制。

中国特色社会主义进入新时代，社会主要矛盾转化为人民日益增长的美好生活需要和不平衡不充分的发展之间的矛盾。在社会发展进程中主要矛盾的变化是清晰划分时代的主要依据，我国从站起来到富起来，再到强起来，从效率型经济到质量型经济，这些循序渐进变化的要求都是社会主要矛盾在

---

① 彭刚. 发展中国家的定义、构成与分类 [J]. 教学与研究，2004（9）：77-81.

② 中共中央、国务院印发《中国教育现代化 2035》[EB/OL].（2019-02-23）中央人民政府门户网站，http://www.gov.cn/zhengce/ 2019-02/23/content_5367987.htm.

不同时代下的具体体现。新时代主要矛盾的变化意义非凡，其以一种典型、凝练、集中的形式，反映了新时代社会发展中的关键问题、核心要素、基本关系。① 所以，新时代爱国主义教育要实现跨越式发展，离不开对本国国情深刻变化的探析，尤其是在脱贫攻坚战取得全面胜利以后，中国实现了第一个百年目标，向着第二个百年奋斗目标迈进的时刻，我们要竭尽全力地投身社会主义现代化事业，势必将我国从社会主义大国转变为社会主义强国。另一方面，社会主要矛盾的变化使人民更为直观地看到了祖国巨大的变化以及在中国共产党领导下取得的诸多成效，新时期目标明确、内容科学、初心不变的探索和政策为国民树立了更坚定的道路自信、理论自信、制度自信和文化自信。重新认识社会发展情况，精准定位新时代社会主要矛盾，能够促进爱国主义教育的高质量发展，促进受教育者情感意识和政治判断力的全面提升。

（二）创新迎接新的历史方位的基本国情

放眼我国所处的新历史方位，中国特色社会主义已经进入新时代，党的十九大报告中将这个论断作为决策出发点和基点。习近平总书记指出，这个新时代，是承前启后、继往开来、在新的历史条件下继续夺取中国特色社会主义伟大胜利的时代，是决胜全面建成小康社会、进而全面建设社会主义现代化强国的时代，是全国各族人民团结奋斗、不断创造美好生活、逐步实现全体人民共同富裕的时代，是全体中华儿女勠力同心、奋力实现中华民族伟大复兴中国梦的时代，是我国日益走近世界舞台中央、不断为人类作出更大贡献的时代。② 历史成就和时代课题是新时代发展的镜鉴和风向标，新时代成就的背后是新中国七十多年的努力、是中国共产党带领中华儿女百余年的奋斗，这些历史中的重大事件和伟大行动对党和国家事业发展具有深远而紧

---

① 颜晓峰. 我国社会主要矛盾转化意味着什么 [J]. 人民论坛，2018（3）：31.

② 习近平. 决胜全面建成小康社会　夺取新时代中国特色社会主义伟大胜利 [N]. 人民日报，2017-10-28（01）.

要的影响。如果说历史成就是孕育新时代的实践基础，那么时代呼声则是新时代的理论课题。党的十八大以来，以习近平同志为核心的党中央因时制宜、审时度势，敏锐地把握国内外形势，结合中国国情和对马克思主义的深刻理解，科学认识到我国环境的变化与调整，科学认识到中国共产党将面临发展条件的新变化，科学认识到中国特色主义事业站在了新的发展起点，定位我们处于新时代，处于党和国家"两个一百年奋斗目标"的交汇点。因此，我国实现爱国主义教育时代课题的推陈出新，就要着重思考坚持和发展什么样的中国特色社会主义、怎样坚持和发展中国特色社会主义，聆听时代的呼唤，跟紧时代的脚步。

在新时代历史背景的影响下，爱国主义教育要积极应对新使命、新课题，坚持用习近平中国特色社会主义思想和理论武装全党、教育国民，教育队伍要带领人民深刻理解其实践要求、基本内涵、核心要义等，提高国民整体素质和爱国情怀，不断增强党员干部的"四个意识""四个自信"。结合社会实践，将中国特色社会主义融入人民工作、学习和生活，使新时代爱国主义的要求和理念在各地、各领域、各行业、各年龄层的人民群众心中落地、生根、开花、结果。新时代爱国主义教育还需要引导人民群众热衷投身于中国特色社会主义的伟大梦想、伟大工程、伟大斗争及伟大事业，在躬行实践中高举中国特色社会主义伟大旗帜。

二、开展形势政策教育，树立正确的历史观、大局观、角色观

相比于国情教育，形势政策教育的受众更为精细，从中小学政治课程中有关国家性质、党的地位的内容不难发现国情教育的踪迹，而形势政策教育由于其本身内容的复杂性和词汇的专业性，需要受教育者拥有更高的理解能力和认知能力，受教育者多是在对基本国情有了充分了解后才接触形势政策，因此从国情教育到形势政策教育是一个由浅入深、循序渐进的接受过程。在此意义上，形势政策教育与国情教育既有不同之处又有相似之处，国情教

育于形势政策教育而言是基础，形势政策教育于国情教育而言是升华，如果说国情教育是引导公民加强对国家历史变化、基本矛盾、历史方位等各方面的了解，那么形势政策教育就是引导公民正确认识形势，正确认知、细致理解、自觉接受党和政府的政策方针，进一步加强对党和国家政府的支持和认同。[①] 国情教育的目标在于有序促进国民形成正确的世界观、人生观和价值观，形势政策教育的目标在于帮助国民树立正确的历史观念、大局观念和角色观念。

（一）树立唯物主义历史观，准确把握爱国主义教育发展规律

唯物主义历史观是马克思主义哲学理论的重要组成部分，是科学认识和改造世界的重要方法论。马克思主义唯物历史观有一个根本的特征，就是以实践为落脚点和出发点来细细考察历史主体与客体之间的各层关系，认真反思历史循序渐进的进程及其规律。[②] 坚持马克思主义历史观，就要承认历史规律对于人们认识活动的重要性及对于事物历史发展趋势的决定作用，所以进行新时代爱国主义教育不仅要立足当下、放眼未来，还要总结国家历史，清晰知晓其发展态势，善于以历史的眼光、用全面的角度看待事物万般变化、归纳历史规律、掌握发展动向，就如习近平总书记在 2018 年中央外事工作会议上强调，我们"不仅要看现在国际形势什么样，而且要端起历史望远镜回顾过去、总结历史规律，展望未来、把握历史前进大势"[③]。爱国主义教育历史也是一幅富有智慧、波澜壮阔的画卷，回顾爱国主义教育发展史，党和国家所处的经济条件和国际形势的不同，对国民的爱国标准和教育政策也各有不同。革命时期爱国要求有斗争精神，改革时期爱国要求有开放思想，中国进入新时代时期爱国要求与爱党爱社会主义辩证统一。在纷繁复杂、风

---

① 李斌雄. 形势政策教育学：研究对象、内容和方法——基于高校学生形势与政策教育教学经验的思考 [J]. 思想教育研究，2012（10）：45-48.

② 杨耕. 马克思主义历史观研究 [M]. 北京：北京师范大学出版社，2017：3.

③ 坚持以新时代中国特色社会主义外交思想为指导　努力开创中国特色大国外交新局面 [J]. 紫光阁，2018（07）：8-9.

谲云诡的历史背景下，我们正处于百年未有之大变局，必须要深挖变化背后的规律和经验，深挖让爱国主义教育能发挥最大效能的条件，深挖爱国主义实践在新旧社会环境里的异同。党和国家不断强调全民了解历史、铭记历史，并不是将思想禁锢在过去，而是希冀国民不忘中国革命和改革的血泪，不忘中国是如何在屈辱压迫中站起来的，不忘历代先辈为中华民族复兴和社会主义事业的英勇献身。我们不能沉浸于历史，但也不可以遗忘历史，不论怎样的历史都是中国伟大事业中不可或缺的一部分。树立正确的历史观，认清并把握历史规律，便能跟上新时代的脚步，站在"巨人"的肩膀上携手共创新时代爱国主义教育新局面。

（二）树立辩证唯物主义大局观，准确把握爱国主义教育新内涵

习近平总书记在中央外事工作会议上指出正确的大局观是"不仅要看到现象和细节怎么样，而且要把握本质和全局，抓住主要矛盾和矛盾的主要方面，避免在林林总总、纷纭多变的国际乱象中迷失方向、舍本逐末"①。无论是在外交领域、经济领域，又或是文化领域、思想教育领域，拥有一个正确、明晰的大局观至关重要。有大局便有小局，二者的关系就好似整体与局部，即局部服从于整体并作用于整体，小局服从于大局并对大局产生一定的影响，因此正确的大局观必须懂得一切从大局出发，且明白何为服务大局与何为服从于大局，正确妥善处理好小局与大局的关系，使两者辩证统一并作用于实践。在新时代爱国主义教育基本内容里，大局是决定性、根本性的方面，可分为国内大局和国外大局。国内大局就是坚持把实现中国梦放在最紧要、最核心地位，将爱国、爱党、爱人民、爱社会主义结合起来贯穿整个过程，始终不渝、矢志不渝地维护民族团结和国家统一，这是新时代爱国主义教育不可动摇的初心和使命；国外大局就是我国依旧处于重要战略期，和平与发展依旧是国际环境的主题，全面对外开放依旧是我国的基本国策。国际

---

① 坚持以新时代中国特色社会主义外交思想为指导　努力开创中国特色大国外交新局面[J]. 紫光阁，2018（07）：8-9.

形势在变局中不断发展，大国竞争愈发激烈，对于中国而言外部风险不断上升，这些乱象与难题在世界大发展格局中是小局，是我们在发展爱国主义教育时需要关注的点，但不是出发点和落脚点，我们需要清晰地认识到当今世界的矛盾都是各国未妥善处理好和平主题与各自发展间的难题，成就并推进人类命运共同体才是关系各国国家和人民的根本利益的钥匙，是符合中国特色社会主义理论的大局。因此，我们不能因为忌惮思想文化激荡的现实而不顾大局、牺牲全局。在引导人们认识到大局和小局的含义和关系后，新时代爱国主义教育还需要强调在实践中践行正确大局观的重要性，在实际工作、生活中学会处理小局和大局、局部和整体的关系是大局观的根本体现和总体遵循，初步要从大局着眼，最终还是要落脚于具体行动之中去。① 我们面对时代变化、国情变化、历史变化，就要胸怀国内、国外两个大局，在重要事件、国家大事面前做到服从党和国家的领导，笃信国际关系中和平与发展才是时代趋势，树立危机意识和大局意识，妥善做好应对大局环境下各种困难的准备，做到谋定而后动、知止而有得。在这次全球新冠疫情抗击战中，我国积极向国外运送防护物资、提供检测和预防办法、派出专业救援队伍等，用朴实的行动展示了关怀人类、心系大局的情怀，打破了所谓的"中国威胁论"。在此过程中我们不断识变应变，机遇意识与忧患意识不断增强，越发坚定的大局观决定了新时代的时与势是站在我们一边的，所以新时代爱国主义教育在培育爱国情怀和维护国家利益的同时，也要重视树立面向世界、国际命运与共的大局观，保持国家定力，锲而不舍地顾全大局、一切从实际出发。

（三）树立爱国主义角色观，准确把握爱国主义教育逻辑起点

所谓角色观，即在对形势和事物有了初步了解后，明确自身位置和使命，并把自己摆进大局中，尽应尽之责，做应做之事。天下兴亡，匹夫有责，中国迄今为止取得的伟大成就、伟大胜利是党和人民共同努力的结晶，未来要

---

① 王续添. 论邓小平的大局观 [J]. 教学与研究，2000（11）：11–18.

实现的伟大梦想和伟大事业也离不开每个人的支持和参与。从爱国主义理论逻辑层面来看，爱国主义是人民对国家的一种态度和看法，揭示了人民与国家之间的关系，是人民对自己家园以及民族和文化的特殊情感，所以爱国主义不是一个空洞的概念，而是体现在人们真切的意识形态中，融入日常生活的方方面面。从爱国主义实践层面来看，个人的生存和发展离不开国家，就如卢梭所强调的现代社会公民具有两个特征，其一是个人的存在依赖于国家，其二是国家利益至上。①个人要实现梦想必然离不开国家的进步和发展，新时代人民与国家之间是同呼吸、共命运的关系，因此我们要把自己代入国家，站在有利于国家的角度看待行动方向和使命目标。在新的征程上，我们要看到中国共产党的角色、中国在国际上的角色，还须意识到每个个体对于造就中国特色社会主义事业所处的角色地位。首先，中华人民共和国是在中国共产党领导下的社会主义国家，中国共产党的领导是中国特色社会主义最本质的特征。党带领几亿人民在困难中涅槃重生，才有了马克思主义中国化的三次历史性飞跃，实现从屈辱中站起来、从剥削中富起来、从懦弱中强起来的伟大变革，中华民族才能在百年历史中重新焕发光芒，重新呈现欣欣向荣的光景。实践证明，热爱中国共产党、维护中国共产党的集中统一领导和正确决策就是爱国主义的基本内涵和必然要求。其次，随着我国经济的发展及对外政策的变化，中国的国际角色也需要进一步科学定位，我们需要在变幻莫测的国际环境中，认清国家的长远发展态势，充分把握世界多极化发展与和平发展的格局，无论是在观念上还是行动上都要体现一个大国角色的担当。最后，中国特色社会主义逻辑起点建立在坚持人民群众主体地位之上，人民是社会生产力发展中最有力、最活跃、最强劲的因素，社会主义现代化事业发展离不开人民的力量。新时代爱国主义通过开展形势政策教育帮助人们正确认识"我"是谁，处于不同历史方位和身份地位的"我"，就要树立

---

① 于伟. 公民抑或自然人——卢梭公民教育理论的前提性困境初探 [J]. 教育研究，2012（6）：36—43.

适应的、符合发展潮流的角色观，在正确的观念引导下进行伟大斗争，找准内心坚定的信仰和方向。

第二节　历史和传统文化教育

以史为鉴，可以知兴替，国家的历史承载了厚重的民族发展情况，中国悠久富饶的历史成就了宝贵的精神财富和统一强大的中华民族，文明起源时代的四大文明古国，只有中国绵延至今。各朝各代帝王的得失兴废都被史官记录在册，班班可考，千余年的制度流变、学问文章、风俗习惯等孕育了中华民族内心深沉的爱国情感。爱国主义就是以民族的历史和传统文化的认同作为发展的前提和基础的，想要使国民对祖国有坚定的认同和深厚的情感，必然先使国民对国家的历史和文化有清晰的认识和透彻的研究，历史是一面承古开今的镜子，是照亮国民内心的明灯，是爱国心之源泉。习近平总书记就历史重要性也做出过强调："历史是最好的教科书。""要了解我们党和国家事业的来龙去脉，汲取我们党和国家的历史经验，正确了解党和国家历史上的重大事件和重要人物。"[1] 可见每一件事情的发展都有其始末，而不是凭空而生，历史长河中蕴含着盛衰发展的真理和风云变化的前兆，对历史和文化生动而富有家国情怀的叙述，总能激起人们内心最坚实、最深处的民族精神和乡土情感，建立在历史和传统文化教育基础上的新时代爱国主义教育便可以将个人的、感性的爱国情感转化为集体的、理性的爱国主义，并将之落实到个人的具体行动之中。

---

① 习近平. 以史为镜、以史明志　知史爱党、知史爱国 [J]. 求是，2021（12）：4-12.

一、开展党史、新中国史、改革开放史、社会主义发展史教育

（一）开展党史教育，传承红色基因

历史是最好的教科书，也是最好的清醒剂，中国为什么抛弃了资本主义改良和革命，选择了中国共产党和社会主义道路，答案都藏在党的百年历史之中。红船起航，百年回响，1921 年，共产党人内心的炽热点燃了中华民族的激情和希望，掀起全民革命、献身为国的热浪。共产主义之所以能够引起广大人民群众内心深处的共鸣，正因为共产党看到了真正意义上的爱国主义建设不是少数人的爱国，而是全体中国人民的爱国。中国共产党用实际行动证明了共产主义的先进性、科学性和无私性，用铿锵有力、掷地有声的宣誓和话语唤醒了沉睡中的国家和民众。开展党史学习教育，就是教育引导处于和平年代的人们深刻认识到中国红色政权来之不易，中国特色社会主义建设成果来之不易，中国改革开放大局来之不易，在新时代的挑战和风险面前，我们有义务延续过去的辉煌，有义务维护中国共产党的领导地位和正确决策，有义务坚定作为中国人的志气、骨气和底气，自觉把个人利益和国家利益紧密结合，砥砺前行，开创属于新时代的光明未来。

（二）开展国史教育，勇担复兴重任

党史与国史均是我们党带领人民多年来进行伟大革命、伟大改革、伟大斗争的辉煌历史，但两者具有不一样的内容范围和教育重点，如果将党史和国史比作两个集合，它们相交的部分就是新中国成立后党领导下的战略建设、路线方针等内容，未相交部分的国史还包括中华五千年历史中广大人民群众的政治、经济、文化、娱乐等生活，较之党史更为丰富与全面。总结起来，国史就是以中华民族各阶段人民方方面面的生活为内容，以中华人民共和国的社会发展、经济发展、政治发展和文化发展为内容，以中华人民共和国的社会主义制度和特色社会主义事业为重点研究方向和历史脉络的历史

系统。① 从夏商到唐宋元明清，从辛亥革命到新中国成立，从社会主义摸索阶段走到中国特色社会主义，中国成长的每个阶段、得失瞬间、盛衰变化都记录在国史之中，里面有荡气回肠的爱国宣言，有舍家为国的爱国行动，有赤胆忠心的爱国情怀，我们只有以敬仰尊重的心态重读过去的历程，以温故知新的方法重温昨天的故事才能对中华人民共和国和中华民族多一分理解、多一份认同。开展国史学习教育，就是在历史中感受我们悠久历史条件下，自夏朝伊始，无数饱含对国家热爱的君王、贤臣、大儒等先贤对国家治理的有益探索和生动实践。近代以来，我们的先人曾经尝试共和制等资本主义制度，但这些制度在中国特色的土地中都没有盛开出花朵，直到中国共产党将马克思主义中国化的原理扎根于华夏土地，以星星之火呈现燎原之势，以前所未有的伟大实践证明了只有马克思主义的中国化才是带领中国重新走向繁荣富强的必然选择。正如习近平总书记在主持中央政治局第七次集体学习时提道："学习党史、国史，是我们坚持和发展中国特色社会主义、把党和国家各项事业继续推向前进的必修课。"② 大力开展国史学习教育是新时代爱国主义教育的关键一环。

（三）开展改革开放史教育，深化新中国发展格局

《新时代爱国主义教育实施纲要》要求："要加强改革开放教育，引导人们深刻认识改革开放是党和人民大踏步赶上时代的重要法宝，是坚持和发展中国特色社会主义的必由之路，是决定当代中国命运的关键一招，也是决定实现"两个一百年"奋斗目标、实现中华民族伟大复兴的关键一招，凝聚起将改革开放进行到底的强大力量。"③ 开展改革开放教育目的有二：其一是促进人们认识到改革开放的必要性和重要性，加强人们对基本国策的认同

---

① 齐鹏飞. 关于"党史"与"国史"关系的再认识 [J]. 教学与研究，2008（5）：70-73.

② 习近平. 论中国共产党历史 [M]. 北京：中央文献出版社，2021：14.

③ 新时代爱国主义教育实施纲要 [N]. 人民日报，2019-11-13（06）.

感和自觉参与度；其二是引导新时代爱国主义教育与改革开放政策相衔接。从受教育者角度来看，需要重点学习改革开放的伟大成就，了解为什么新时代要继续推进改革开放，要毫不动摇地坚持全面开放。从邓小平同志在党的十一届三中全会上提出"对内改革，对外开放"的政策后，中国不断在逆境中重整旗鼓、革风易俗，实现从追赶时代潮流到引领时代导向的转变。回顾改革开放战胜的千难万险，我们就能明白为什么一个国家的发展、一个民族的振兴离不开永不停歇的改革和永不后退的开放。改革开放史集结了中国共产党和中国人民勇于担当、敢为人先的勇气，蕴含着中华儿女敢闯、敢拼、敢干的改革势头和爱国情怀。深入剖析改革开放史，我们便可以发现新时代比历史上任何时期都更加需要人民的力量，在两个一百年的交汇点，中华儿女需要团结一心继续书写更多"春天的故事"。从教育者角度来看，教育队伍需要开展改革开放史的深入读、透彻读，用更长远的目标来看待新时代改革开放，习近平在俄罗斯索契接受俄罗斯电视台专访时答道："容易的、皆大欢喜的改革已经完成了，好吃的肉都吃掉了，剩下的都是难啃的硬骨头。"[1]新时代改革开放要实现的目标更大、更宏伟，需要教育队伍具有强烈的忧患意识和大局意识。从过去走到现在，改革开放的成果证明了实践是检验真理的唯一标准，创新是事物进步发展的必经之路，开放是国家进步的基本标志，所以新时代爱国主义教育强调坚持以立为本、重在建设，要把爱国情感与实际行动结合起来，同时强调创新载体、面向世界。改革开放以来取得的成绩尽数化在了这四十余年的历史记载之中，正确学习和认识这一伟大革命，便能融会贯通解放思想、实事求是、团结一致向前看的基本路线，融入爱国基因里。

（四）开展社会主义发展史教育，坚定新中国特色事业方向

社会主义发展的基本时间脉络长达四百多年，从马克思、恩格斯写下《共

---

[1] 习近平以勇毅推进改革攻坚克难 [EB/OL]．（2018-08-15）．新华网，https://www.xinhuanet.com/politics/2018-08/15/c_1123272211.htm.

产党宣言》到中国进入新时代中国特色社会主义时期，沧海桑田间中国从照搬苏联社会主义模式发展到开创具有中国特色的社会主义模式。与党史、国史和改革开放史不同的是，社会主义发展史不仅包括中国社会主义理论和实践，还包括苏联等其他国家社会主义理论和实践内容，"四史"中的社会主义发展史教育的重点内容还是当今中国特色社会主义，因为这是史无前例的，也是独一无二的。欲知大道，必先为史，我们要明白为什么选择马克思主义，为什么选择中国特色社会主义道路，所有的答案都藏在社会主义发展史之中。马克思的《资本论》剖析了资本主义的剥削性和等级制度，以及藏在自由民主下的阶级分化和经济发展不平衡问题。当前，我国虽然尚处于社会主义初级阶段，但我们始终坚持共产主义远大理想，依靠广大人民群众的力量开拓进取，取得了人类文明史上一个个可歌可泣的伟大成就，沿着社会主义道路的远大前程扬鞭奋蹄，勇往直前。但是在建国初期，由于缺乏马克思主义中国化的理论经验，加之地缘环境影响，我国曾深受苏联模式影响。随着国家改革发展的不断深入，苏联模式在我国运行的弊端日益突出，接着中国迎来了马克思基本原理与中国具体实际的第二次飞跃，即中国特色社会主义的提出，实现了社会主义从模板到定制、从被动迎合到积极适应的转变，中国特色社会主义意味着中国愈发独立自主，在发展道路上摸索出一条"自己的路"并开创了中华民族伟大复兴的新局面，不仅增强了中华儿女的自信心和民族自豪感，还为仍在压迫中、希冀独立的国家和民族提供了新的奋斗思路，大大提高了中国国际地位。社会主义发展史时间跨度大、涉及国家多、思想维度广，是新时代爱国主义教育难啃的一块"硬骨头"，但是这对于参悟中国特色社会主义的科学性、优越性以及坚持和发展它的必要性来说是益处良多的，是"四史"中不可或缺的一部分。

　　在新冠疫情影响、经济衰退的情况下，聚集民心，逐一击破敌对势力对我国社会制度、外交政策、历史文化等的污蔑和诋毁，是新时代爱国主义教育在本阶段开展"四史"教育的主要导向。从另一个层面着手，虽然"四史"内容之中各有侧重，但是本质上、整体上是固不可分的，所以学习"四史"

也要有科学具体的方法论。陶文昭在谈论"四史"之间的区别和联系时指出，学习"四史"要统筹推进，以党史为重点，突出各自特点。① 之所以将党史作为重点，主要原因在于新中国成立、改革开放和社会主义发展重要成果都是在中国共产党的领导下展开的，"四史"中的重大事件、重要成果、关键节点围绕中国共产党形成了一部林林总总的大中国史。开展"四史"教育要将正确的认识论与科学的方法论相结合，摒弃历史虚无主义和历史唯心主义，树立正确的政治观，继承党和国家长久以来积累的宝贵精神财富与光荣传统。

二、传承和弘扬中华优秀传统文化

中华民族自华夏时期发展至今，历经千余年而未淹没在历史潮流中，最主要的原因就是中华传统优秀文化强大的生命力和感召力，其所蕴含的家国情怀、奉献精神、人格追求、道德品质等成了中华民族宝贵的精神财富，支撑着中华文明在世界文明中标新立异、引领风骚。习近平总书记在党的十九大报告中强调："文化是一个国家、一个民族的灵魂。文化兴国运兴，文化强民族强。"② 国家新时代战略性目标也提出社会主义文化强国目标是实现中华民族伟大梦想的根基和前提，要认真厚植中华优秀传统文化、强化我国文化软实力在新时代中国特色社会主义事业全局中的关键地位，坚持中华民族的根与魂。

中华优秀传统文化的内涵是丰富的，囊括了自中华文明诞生起每个阶段的民族精神风貌和社会风俗文化，是中华儿女生生不息的精神动力，是中华民族赖以生存和发展的精神支柱，是中国土壤上代代相承、历久弥新的全面化学问。中共中央办公厅、国务院办公厅发布的《关于实施中华优秀传统文化传承发展工程的意见》中阐释了中华优秀传统文化有三个基本内容：第一

---

① "四史"之间联系和区别是什么？[N]. 学习时报，2021-06-07（4）.

② 习近平. 决胜全面建成小康社会 夺取新时代中国特色社会主义伟大胜利 [N]. 人民日报，2017-10-28（01）.

是核心思想理念，中华文化古来便长期受儒家、道家等思想影响，重视个体的"德"和"仁爱"修养，强调修自身、齐小家、治大国然后平天下，将个人的品格道德、人性修养作为整个社会乃至整个国家立足的基点。另一方面，重视集体的君民关系与天人关系，强调国家利民惠民、人民拥护国家的思想以及顺从自然、适应自然、爱护自然的思想，它从群体和个人的关系中得出一个结论，即个体应该意识到自身所承担的一种社会责任，将国家利益放在最高位置，这些宏大的家国思想都值得我们发扬光大。第二是中华传统美德，中华传统文化一直十分重视对个人品德的塑造，无论是"天下兴亡、匹夫有责"的责任担当，或是"见贤思齐焉，见不贤而内自省也"的行为风尚，又或是"捐躯赴国难，视死忽如归"的爱国情怀，林林总总的道德理念和规范在无声无息中影响着一代代中华儿女的价值观、人生观、国家观和民族观，成了中国的正统大道。第三是中华人文精神，我国优秀传统文化中含蕴着丰富充裕的人文精神，成了中华民族的精神命脉。强调美人之美、美美与共的处世精神，强调天下一家、四海为亲的家国精神，强调文以载道、文以化人的教育思想，强调贫贱不移、富贵不淫的生活精神等，这些情感的积累和表达不仅承载着先辈们的追求和期望，更是强化中国人民精神力量、滋养新时代青少年精神世界的源头活水和深厚根底。

中华优秀传统文化作为中华民族的精魂和血液，是新时代开展爱国主义教育的深厚基础和不竭动力，习近平总书记在纪念马克思诞辰200周年大会上借用《易经》中的典故，强调："国家之魂，文以化之，文以铸之。"①通过文化开化民智、强化民心，强化中国人民的民族自信心和爱国自觉性；通过文化铸造民族凝聚力、凝铸国家之魂。中华民族优秀文化中累积沉淀着中华儿女最深沉的家国情怀，有范仲淹"先天下之忧而忧，后天下之乐而乐"的忧患意识，有林则徐"苟利国家生死以，岂因祸福避趋之"的奉献精神，有陆游"死去元知万事空，但悲不见九州同"的家国大义，有鲁迅"寄意寒

---

① 习近平 . 在纪念马克思诞辰 200 周年大会上的讲话 [N]. 人民日报，2018-05-05（02）.

星荃不察，我以我血荐轩辕"的革命胸怀。这些生动而伟大的英雄人物和事迹为开展爱国主义教育，引导人们择善而从、树立正确观念提供了丰厚滋养。中华优秀传统文化在五千年里，逐步将人民对乡土和部族的热爱转化成为人民对国家和民族的热爱，逐渐形成了一种神圣不可侵犯的中华民族独立尊严，一种中华民族独树一帜的文人风骨、精神气节的素质和心理，一种以国为家、民族至上、忧国思民的利益观和价值观。所以在中华优秀传统文化中蕴含着前卫的历史使命感和国家责任感，是激励新时代青少年正心明德、为国尽忠的信仰支柱。中华优秀传统文化不仅是推进新时代爱国主义教育的重要内容，还可以为国民身践爱国之行提供实践经验。前有屈原为国捐躯、为民请命，后有岳飞精忠报国、反抗侵略，一文一武，共怀国家，正是因为有中华民族躬行实践、挺身而出的艰苦奋斗，才有了中国盛世迭出的历史。新时代背景下，我们要自觉、深入地了解中华源远流长的历史和灿烂优秀的文化，从历史中稽古振今，从历史中推陈出新，从历史中汲取智慧和力量，化意识为行动，自觉奉献于中华优秀传统文化的发展工程和创新工程，坚定对中华民族和祖国的自豪感、认同感和荣誉感。

文化教育区别于历史教育最大的特点在于，文化教育可以依赖于潜移默化、春风化雨的手段，融入乡土习俗之中、融入社会风尚之中、融入公共标语之中，所以传承和弘扬中华优秀传统文化的方式多种多样、各有千秋。以高校为实践背景，中华优秀传统文化首先可以通过思政理论课堂实现爱国情怀和文化底蕴入书本、入学习，这是最直接、最快速的教育方式；其次还可以通过各类主题活动让学生在学习传统文化、外化内在修养的实践中形成正确的价值观和方法论；最后，还有许多毫不起眼但有着重要作用的文化传播方式，例如各大高校的校训。西南政法大学以"博学笃行、厚德重法"作为学校办学指导思想和特色办学目标，这一句简单易记的箴言成为众多西政学子内心的信仰和追求。其中"博学笃行"取自《礼记·中庸》的"博学之，审问之，慎思之，明辨之，笃行之"，取义于学习的多个层次，博学即学习要广泛地涉猎，以饱满的热情和充沛的精力拓展学习的宽度，以开放的眼光和博大的胸怀做到海纳百川；笃行即实现学有所得、学有所成，"笃"有专一、深厚之义，与"行"结合起来强调只有目标坚定、知行合一，才能实现从"博学"到"笃行"，切实增进学业与修养人格。[①]"厚德重法"则分别出自《周易·坤·象》中"大象"的坤卦，即"地势坤，君子以厚德载物"和《荀子·大略》的"隆礼尊贤而王，重法爱民而霸"，厚德重法不仅响应了时代的号召，更借鉴了中华优秀传统文化的核心思想。这些点点滴滴、耳濡目染的方式将中华优秀传统文化与新时代爱国主义教育目标紧密结合在一起，成为推动中国精神文明建设和社会发展进步的巨大力量。

第三节　民族团结和国家安全教育

从概念上来看，民族团结、国家统一和国家安全都属于国家安全利益的一部分，因为国家安全利益包括主权独立、领土完整、基本制度的稳定、民族团结等所有有关国家生存利益的部分。[②]为什么我们主张端正思想，将国家利益摆在个人利益之上，其关键原因在于我国国家性质框定了这一论点。我国是人民民主专政的社会主义国家，即对人民民主、对敌人专政的国家，人民利益就是国家利益的核心。主动以国家利益为先就要做到在对待外来施压时，同党中央保持一致，提高警惕性，一切从国家和民族整体利益出发；对待内在矛盾时，以最广大人民利益为出发点，正确处理国家、民族和人民的利益关系，正确处理国家和个人的利益关系，正确处理多数人和少数人的利益关系。新时代爱国主义教育必须加强民族团结和国家安全教育，培养理性的爱国主义情怀，做到不偏激、不狭隘、不盲目，凡事有理有利有节，清晰认识民族和国家的战略利益和安全，清楚认识到民族团结和国家安全对于国家经济建设、政治稳定、保境安民的重要保障作用。

---

① （西汉）戴圣著，叶绍钧选注. 礼记[M]. 上海：商务印书馆，1930：187.

② 陆俊元. 界定中国国家安全利益[J]. 江南社会学院学报，2001（2）：19-25.

一、加强祖国统一和民族团结进步教育

祖国统一、维护民族团结自始至终是中华民族锲而不舍的追求和使命，从岳飞抗金收失地、霍去病六击匈奴到林则徐虎门销烟、张自忠英勇抗日，面对外来侵略和一切损害国家的行为，中华儿女早已形成了坚不可摧、坚毅顽强的民族气节。自秦汉建立大一统国家后，民族大融合和大杂居小聚居的现象愈发突出，各民族之间既有深厚的联系又有细微的区别，但整体上民族平等、团结、互助、和谐始终是民心所向、大势所趋。

（一）强化价值信仰，满足现实需要

新时代中国青年正处于社会转型的关键时期，网络文化深深影响着青少年的思想和观念，网络成为大多数青少年获取信息的重要来源。在网络庞杂易乱的环境中，整体上社会主义核心价值观及正向民族观念占思想主流方位，但是国外敌对势力不灭向我国输入"西化""分裂"观念的歹心，对我国实施淡化国家观念、破坏民族关系、颠覆历史真相的政治图谋。我们必须清醒地认识到现实背景下国家面临的价值信仰挑战，尤其是在网络言论鱼龙混杂、良莠不齐的情形下，坚定主流媒体的发声和方向，做到同党和国家心连心、同呼吸、共命运，擦亮双眼，正确分区优秀的外来文明与负面的文化渗透。强化祖国统一和民族团结进步教育，就是要促进各民族和全体国民在面对敌对势力和共同敌人时，休戚与共、上下一体、风雨同舟。针对分裂祖国和民族的言论，勇于展开具有针对性的、满足现实需要的斗争。

（二）培养爱国理性，满足时代需要

作为新时代爱国主义教育内生固有的一部分，祖国统一和民族团结进步教育也具有时代性。《新时代爱国主义教育实施纲要》中强调要引导各族群

众牢固树立"三个离不开"①思想，不断增强"五个认同"②，尤其是要强化"五个认同"，它充分体现了习近平新时代中国特色社会主义的民族思想。面对"多元一体"的新时代民族观，我们只有准确、正确把握基本国情、社情，举国上下维护民族团结和国家统一，坚持平等同心、和谐聚力、统一一体，才能强化祖国统一和民族团结进步教育。落实到具体工作上，不仅要推进人民国家意识和民族精神的基础建设，还要突出"进步"两字，将自发的、感性的理念和状态上升为自觉的、理性的信仰和行动。首先，树立进步的民族观和国家观，回顾历史、展望未来，明白祖国必须统一也必然统一。2018年习近平总书记在会见香港澳门访问团时提到希冀港澳同胞"顺时而为，乘势而上""共同谱写中华民族伟大复兴的时代篇章"。③积累了千秋万代的家国情怀和民族意识已经在大多数华夏儿女心中种下了爱国、尊国、敬国的种子，所以新时代背景下，要正确认识中国和中华民族这个整体的组成，并指引受教育者将民族观、国家观与新时代事业和现代化事业相结合，做到在民族大义面前保持清醒头脑和政治定力，形成实现中国梦的凝聚力和向心力，确保各项工作始终能够强而有力地团结人民群众。其次，形成与时俱进的教育范围和方式。中共教育部党组发布的《关于加强新时代全国教育系统关心下一代工作委员会工作的意见》提到了时代背景下特有的教育难题，例如化解追星、"饭圈"等负面文化影响，高校要充分利用阵地优势做好宣传和引导，充分利用网络新媒体唱响主旋律、传播正能量。④受消费文化的影

---

① 汉族离不开少数民族，少数民族离不开汉族，各少数民族之间也互相离不开。（1990年9月江泽民同志提出）

② 对伟大祖国、中华民族、中华文化、中国共产党、中国特色社会主义的认同。（2015年5月18日印发的《中国共产党统一战线工作条例（试行）》提出）

③ 在国家改革开放中实现香港澳门更好发展　共同谱写中华民族伟大复兴时代篇章 [N].人民日报，2018-11-13（01）.

④ 中共教育部党组关于加强新时代全国教育系统关心下一代工作委员会工作的意见[EB/OL].（2021-04-27）教育部政府门户网站，http://www.moe.gov.cn/srcsite/A24/s7070/202104/t20210430_529314.html.

响和互联网技术的发展的背景下，有组织性、精细化管理的粉丝群体逐步形成，牵涉群体低、中、高多年龄段，作为一个举足轻重的社会群体，若不加强管理和教育，极为容易演变为缺乏思想教育的群体，因此要优化"明星"门槛和定位，利用粉丝群体效应开展具有极强的感染力和传播力的祖国统一和民族团结教育。①

二、加强国家安全教育和国防教育

安不忘危，盛必虑衰。习近平总书记在中央国家安全委员会第一次会议的重要讲话中提道："我们党要巩固执政地位，要团结带领人民坚持和发展中国特色社会主义，保证国家安全是头等大事。"②一个稳固安定的环境局势是国之稳定进步和民之丰衣足食的保障和支撑，中国特色社会主义进入新时代以后，我国做出由大国转向强国的跨越战略，这使得国家安全观即将面临新挑战和新需求。

从文景之治到宦官干政，从开元盛世到安史之乱，从康乾盛世到鸦片战争，历史上国家的繁荣昌盛似乎都有一个无形的期限，一步步侵蚀着国家的生命力、发展力和持续力。"杜渐除微，古今所务，况祸机骤发，庸可忽乎？"③堵住危机的开端、除去微小的危险变化是古今的共同追求，更何况在隐伏着时刻待发之祸患的时代，更要居安思危。当前，我国新发展面临着包括国内和国际两个大背景下的风险挑战，既有军事、经济的风险，也有政治、文化的风险；既有"社""资"关系风险，也有社会主义内部风险；既有人为阴谋风险，又有自然灾难风险。面对危机四伏、环环相扣的国际关系，我们不能杞人忧天也不能耽于逸乐，应该保持清醒的头脑，时刻做好充分的准备，

---

① 吕鹏，张原. 青少年"饭圈文化"的社会学视角解读 [J]. 中国青年研究，2019（5）：64-72.

② 习近平：坚持总体国家安全观　走中国特色国家安全道路 [N]. 人民日报，2014-04-16（01）.

③ （南朝梁）沈约撰，何怀远、贾歆、孙梦魁主编. 宋书 [M]. 呼和浩特：远方出版社，2006：99.

增强国防力量，保护好中国在国际社会中的安全利益；面对突如其来、气势汹汹的新冠疫情，我们不仅要认识到"去全球化"导致的经济危机，还要看到某些国家不断给中国政治、文化等带来的安全危机。在波谲云诡的安全形势下，坚决维护国家主权、安全和发展利益。新时代我国国家安全的内涵与外延比历史上任何时期都要丰富，教育难度也比任何时候都要艰巨，庞大的人口数量、非传统安全威胁和传统安全威胁的交织等因素都让国家安全教育和国防教育更具有挑战性和必要性。开展国家安全教育和国防教育，不仅可以增强中国公民的国家安全意识，维护国家长治久安，还可以通过筑牢国家的安全增加人民的安全感和幸福感，筑牢全民在思想上和行动上维护国家安全的防线。

开展国家安全教育，要回答好"实现何种的国家安全，国家安全为了谁，怎样保障国家安全"的问题。第一，增强全党全国人民的国家安全意识，实现以总体国家安全观为统领为导向，维护国家政权、主权、统一和领土完整等重大利益不受侵害的国家持续性安全。《新时代爱国主义教育实施纲要》提出，要加强国家安全教育，深入学习宣传总体国家安全观。总体国家安全观是习近平新时代中国特色社会主义思想的重要组成部分，是新时代中国特色国家安全思想，是维护国家安全利益最稳健、最科学的行动指南和思想纲领。参考《中华人民共和国国家安全法》（2015年通过）第三条规定："国家安全工作应当坚持总体国家安全观，以人民安全为宗旨，以政治安全为根本，以经济安全为基础，以军事、文化、社会安全为保障，以促进国际安全为依托，"涉及国家五大安全要素。习近平总书记在中央国家安全委员会第一次会议上首次提出"总体国家安全观"的概念，并指出要重视内部安全与外部安全、国土安全与国民安全、传统安全与非传统安全相统一，初步系统确定了11种安全的基本内涵。中国特色社会主义进入新时代后，全党统筹了世界百年未有之大局与中华民族伟大复兴之战略全局，向总体国家安全观的基本内涵注入了新的灵魂，即增加了网络、海外利益、太空、极地、深海五种安全利益。这些新增安全利益的出现就是时代发展所伴生的难题，是政治有机体演化新增的需求。我们要维护这个政治有机体就需要保障其健康性，遵循其内在特征，包括统一性、活力性、协调性和生长性，放在首位的就是统一性，强调以维护人民利益为最高宗旨，通过党和国家的协调，保持内部和谐，稳住百年未有之大局。因此，国家安全从根本上来说就是为了人民群众，通过构建一个适合国家生存和发展的环境，满足人民对美好生活的向往。① 第二，将爱国主义贯穿国家安全教育全方位。相比于传统的军事安全威胁，非传统安全威胁具有更明显的全球性、多样性、不确定性和主权性，与政治战略紧密相连，因此开展国家安全教育必须与爱国主义教育相适应，发展超越传统的大局安全观。根据爱国主义教育的全民性，国家安全教育的对象也必须要延伸到各年龄层级的群众，包括但不限于大中小学生。教育部在 2018 年印发的《教育部关于加强大中小学国家安全教育的实施意见》中提到了不同学段的具体教学内容，例如小学生需初步学习国家安全相关的基本理论知识，以增强小学生爱国主义感性情怀，而大学生则需接受国家安全系统化学习训练，以增强大学生自觉保障国家安全能力和责任感。② 由此可见，国家安全与爱国情感培育之间相互影响、互促发展。综上所述，我们不仅要了解国家安全观和安全利益，还需要外化为行动，以国家安全教育保障爱国情怀长盛不衰，以爱国主义教育促进国家安全教育与时俱进、落在实践。

国防教育是国家安全教育中的重要组成部分，国防安全属于军事安全。1921 年，孙中山先生在其《建国方略》一书中首次提出"国防教育"的概念，新中国成立后国家更加重视国防教育，从新中国成立初期以反侵略、反战争为主的国防教育到法治社会以教育教学为重心的国防教育，在此过程中相继出台了《中华人民共和国兵役法》《中华人民共和国国防法》和《中华人民共和国国防教育法》。《中华人民共和国国防教育法》总则中提出普及和加

---

① 储建国. 总体国家安全观下的国家安全体系新发展———一种"政治有机体"的视角 [J]. 国家治理，2021（11）：11-15.

② 教育部关于加强大中小学国家安全教育的实施意见 [EB/OL].（2018-04-09）教育部政府门户网站，http://www.moe.gov.cn/srcsite/A12/s7060/201804/t20180412_332965.html.

强国防教育，激发公民的爱国热情，强调了公民皆有接受国防教育的权利和义务，《新时代爱国主义教育实施纲要》也提出深度推进国防教育，增强人民的国防观念，培育全社会关心国防、热爱国防、建设国防、保卫国防的思想共识和自觉行动。由此可见，爱国主义教育与国防教育之间存在着千丝万缕的关系，"国防教育呼唤起国防意识，从而产生以国家利益高于一切的凝聚力和爱国主义精神"①。在文化学习中我们回顾历史、重温家国情怀，在国防教育中我们则热血沸腾，感受集体力量，习近平总书记在中国共产党第十九次全国代表大会上表明我们要加强全民国防教育，巩固军政军民团结，为实现中国梦强军梦凝聚强大力量。1927 年大革命失败的血泪教训让中国共产党意识到了军队对于保障政权独立的重要性，自此军队成了国家稳定发展最有力的武器，而人民是我国最坚实、最广大的力量。人民、军队之间心意相通必然对实现中国梦具有极为重要的促进作用。针对新时代的国防教育发展，习近平总书记提出了新的军事教育方针，即坚持党对军队的绝对领导，为强国兴军服务，立德树人，为战育人，培养德才兼备的高素质、专业化新型军事人才。不仅经济面临着创新需求，军事建设也需要改革创新，烽火连天的战争年代，毛泽东同志提出了军队的唯一宗旨就是为人民服务，习近平总书记总结并创新地提出了党在新时代的强军目标是建设一支听党指挥、能打胜仗、作风优良的人民军队，在军队二字前面创造性加上了"人民"，也就是说新时代军队的建设是建立在人民利益和群众利益之上的，融合了新时代内涵的国防教育旨在为国家发展和国防建设培育一个具有高素质、高能力的专业人才群体。

常言道："兵可以千日不用，国不可一日不防"，国家安全同国家发展同样重要，在历史的洪流中，发展可以促进国家急流勇进，安全可以保障国家调良稳泛，唯有将发展与安全齐头并驱、一体推进，才能够把握控制这个大变局，朝着中华民族伟大复兴的中国梦奋力前进。生长在和平年代的青少

---

① 张晓兵. 试论国防教育与德育的整合 [J]. 江苏高教, 2000（2）: 76-78.

年，由于生活安稳、国家繁荣，大多数人的国家安全观和国防观念都相对薄弱，对国家安全利益的预警意识、防范意识和忧患意识都有待提高，所以我们需要把国家安全向多元化、全民化延伸，站在全新的视角审视国家安全利益和国防力量，也就是说，捍卫国家主权、统一，维护国家安全，保卫国家的领土完整，既是爱国主义的重要内容，也是当代青年的神圣职责。[①]

第四节　核心价值观和中国梦教育

在勇攀高峰、锐意进取中社会主义建设取得了阶段性成果，在新要求、新环境下，我们必须保持清醒的头脑、准确把握历史方位、直面时代课题，深刻把握社会主义核心价值观的重要地位和基本内涵，深刻理解中国梦的伟大理想和历史使命。随着社会转型的加速，各种意识形态和价值观纷纷涌现，在复杂的环境中我们要持之以恒地用核心价值观聚集起中国全体人民的心性和力量，用中国梦激发中华儿女万众一心、勠力同心的斗志。那么，中国特色社会主义现代化建设需要什么样的核心价值观？习近平总书记在党的第十九次全国代表大会上对社会主义核心价值观作出阐释："社会主义核心价值观是当代中国精神的集中体现，凝结着全体人民共同的价值追求。"[②]强调将社会主义核心价值观与培育时代新人、开展国民教育相结合，进一步为实现中国梦打下坚实基础。

一、弘扬民族精神和时代精神

在纪念红军长征胜利 80 周年大会上，习近平总书记郑重指出："人无精神则不立，国无精神则不强。"[③]精神可谓为是一个民族和国家立身之本、

---

① 林松，林艳. 当代大学生爱国主义教育路径新探 [J]. 黑龙江高教研究，2011（8）：131-132.

② 习近平. 决胜全面建成小康社会　夺取新时代中国特色社会主义伟大胜利 [N]. 人民日报，2017-10-28（01）.

③ 习近平. 党的伟大精神永远是党和国家的宝贵精神财富 [J]. 求是，2021（17）：4-20.

成长之泉、发展之基。古语有言"三军可夺帅也，匹夫不可夺志也"，只有拥有坚定不移的理念和信仰，才能在实际行动中找准方向、找到动力，才能在逆境中别开生路，在障碍中披荆斩棘，在惊涛中乘风破浪。踏上社会主义现代化建设和实现"两个一百年目标"的路程，前方暗潮汹涌、安危相易、祸福相生，在严峻的现实考验下我们需要一股力量，使国家和国民上下一心，这股力量就是中国精神，实现伟大复兴中国梦就必须弘扬和发展中国精神。中国精神绵延千年，早已成为中华儿女的精神瑰宝和宝贵财富，是党长期执政的强劲支持和精神基因，中国精神不断引领着全体人民从苦难中走出来、从一个胜利迈向另一个更大的胜利。新时代爱国主义教育要点燃理想信念的火把，就必须加强民族精神和时代精神的教育，教育广大学生掌握社会前进和国家发展的"精神密码"，将中国精神融入每一位学生的内心和灵魂，培养能够担当复兴大任的时代新人。

（一）弘扬以爱国主义为核心的民族精神

"爱国"处于社会主义核心价值观的个人价值层面的第一位置，每一位公民最基本的责任就是将国家放在心中，将爱国落实到生活的方方面面。经过长期社会实践和共同生活，爱国早已被看做个人基本品格修养的一部分，是为大多数中华儿女所认同的情感。从民族精神的定义上来看，民族精神是一个民族心理特征、文化观念和思想情感的综合反映，具有鲜明的引导性、相对的稳定性和强大的传承性。[①] 爱国作为中华民族共有的情感和五千年的传统美德，自然而然成了民族精神的核心，是各民族共同奋斗、众志成城的精神动力。在历史长河中，围绕爱国情怀涌现出了各式各样的民族精神。中共第十六次全国代表大会对民族精神的基本内涵做出了阐释，中华伟大的民族精神是以爱国主义为核心的团结统一、爱好和平、勤劳勇敢、自强不息的精神。数载奋斗，数载青春，中华儿女用思想和行动传承了中国千百年来形

---

① 顾海良，沈壮海. 高度重视民族精神的弘扬和培育 [J]. 思想理论教育导刊，2003（4）：9–16.

成的优秀民族精神。华章千里，序幕早开，三国时期曹植直抒"捐躯赴国难，视死忽如归"的为国牺牲、爱国如爱己的大义精神；《吕氏春秋》有言"万人操弓，共射其一招，招无不中"，向世人传达了集体团结统一的强大精神力量；唐代常建感慨"天涯静处无征战，兵气销为日月光"，将实现和平比作日月清辉，表达着爱好和平的心境和精神；宋代张耒作诗点醒世人"业无高卑志当坚，男儿有求安得闲"，强调勤劳奋斗的民族精神；《周易》有言"天行健，君子以自强不息"，君子为人处事，就应当像天一样，永远前进且刚劲强健地奋斗，将自强不息作为基本精神。这些从历史中继承下来的品质和价值观形成了中华民族的伟大爱国精神、伟大团结精神、伟大梦想精神、伟大奋斗精神和伟大创造精神。对于新时代爱国主义教育来说，民族精神是指引全体中华民族儿女热爱国家最有力的依据。面对不同的时代背景和社会矛盾，民族精神体系发展出了不同的分支，经过不断地选择和总结，形成了包括长征精神、延安精神、工匠精神在内的优秀民族精神，这些杰出的民族精神就是中华民族强大的思想动力，是激发广大人民群众自豪感、认同感和自信心的重要源泉。《新时代爱国主义教育实施纲要》强调我们要大力弘扬中国人民在长期奋斗中形成的"四个伟大精神"——伟大创造精神、伟大奋斗精神、伟大团结精神、伟大梦想精神。马克思主义切实验证了人民方才是历史的缔造者，是社会向前发展的决胜性成分。中国精神是华夏子孙在经历了苦难与辉煌后，通过实践检验出来的伟大精神和智慧结晶，是先人耳提面命的美德懿范和文化升华，通过了解中国历史和中华优秀传统文化就能发现中国精神来之不易、弥足珍贵。面临世界百年未有之大变局，敌对势力蠢蠢欲动，对中国文化、精神、文明的言语攻击愈发频繁，其中民族精神遭受着较多的伤害。尽管中国不断强调并坚持和平共处五项原则等以"和"为贵的外交政策，国外的敌对势力还是不断丑化和曲解中国。近年来，习近平总书记强调历史清醒剂作用的次数逐年增加，正是因为历史中蕴藏着不畏强暴、百折不挠的抗争精神，天下兴亡、匹夫有责的爱国精神，永不止步、不忘初心的梦想精神等，直到今天也是极大鼓舞着中国人民千人同心、万人齐力、抵御外侮、形成强大精神防线的思想动力。

（二）弘扬以改革创新为核心的时代精神

与民族精神考较，时代精神的卓绝的特色就是与时偕行，在持久稳进的发展中，形成了以改革创新为核心的中国精神，中华民族始终坚定着解放思想、实事求是、与时俱进、开拓革新的时代品格。[①]当中国处在不同历史时期，人民群众自然而然会有不同的所望和所为。在空谈误国、实干兴邦的时代背景下，铸就了"爱国、创业、求实、奉献"的大庆精神；在亲民为民、爱国利国的时代背景下，诞生了"全心全意为人民服务，为了人民的事业无私奉献"的雷锋精神；在改革开放、创新创业的时代，树立了具有激情、积极性、适应性、领导力和雄心壮志的创业精神；在全面发展、文体结合的时代，开创了"爱国拼搏、团结友谊、文明和谐、创新超越"的北京奥运精神。民族精神就好比国家和人民的柱，拔地而起，经久不衰；时代精神就好比国家和人民的梁，盘根错节，因时而异。时代精神往往反映了一个阶段被绝大多数人所认同并成为国家和人民共同追求的信仰和价值观，要跟得上国际发展趋势，就必须意识到改革创新对国家的必要性和重要性。逆水行舟，不进则退，邓小平同志说："改革是中国发展生产力的必由之路。"[②]习近平主席说："惟改革者进，惟创新者强，惟改革创新者胜。"[③]改革创新不仅激发了生产活力，还提高了人才活力，以开放、包容的心态接纳人才、引进人才，所以，改革创新同样是新时代爱国主义教育的重要方面。要聚焦培养能担当民族复兴大任和国家转型重任的时代新人，离不开时代精神的指引和滋润。传承伟大精神，承担时代责任，新时代爱国主义教育要坚持引导青少年塑造历史大局视野和国际发展视野，将爱国主义与时代需求相结合，用发展和批判的眼光处理是非问题，在追求传统底蕴的同时跟上时代步伐。在此次新冠肺炎病毒爆

---

① 宇文利. 培育和弘扬新时代中国精神 [N]. 中国教育报，2021-06-10（5）.

② 邓小平. 邓小平文选（第三卷）[M]. 北京：人民出版社，1993：136.

③ 习近平. 谋求持久发展 共筑亚太梦想 [N]. 人民日报，2014-11-10（02）.

发时，扎根在基层的人们，化身成"白天使"，化身成"先锋队"，化身成疫情环境中最坚实、最纯净的一道墙，向人民和世界展示了中国的时代精神，即伟大抗疫精神。习近平总书记在全国抗击新冠肺炎疫情表彰大会上对其内涵做出了阐释，伟大抗疫精神是指以"生命至上、举国同心、舍生忘死、尊重科学、命运与共"为核心的精神，抗疫精神进一步拓展了中国精神的谱系。

开展新时代爱国主义教育就要大力弘扬民族精神和时代精神，深刻明白人需要精神，精神的培育不仅仅是思想的洗涤，更是行为的开导。中国精神以其深厚的积淀和丰富的谱系自然而然成了爱国主义成长的摇篮和源泉，透彻了解民族精神和时代精神能充分激发中国人民对祖国、对中国共产党、对社会主义的尊重和热爱，引起华夏子孙内心深处的共鸣和呼应。

二、开展中国特色社会主义和中国梦教育

中国特色社会主义进入新时代，党的十九大报告对这一新的历史方位做出科学判断和部署。经过党和人民的长期努力，中国特色社会主义建设事业迎来了发展的新时代，实现了履践致远、承前启后，是在新的历史条件下继续夺取中国特色社会主义伟大胜利的时代。这一概括和宣示意味着我们要更加坚定地坚持中国共产党的领导，走好中国特色社会主义的伟大道路，不断增强广大人民群众对我国道路、制度、文化的自信心。深入开展中国梦教育，坚定中华民族万里征程，以梦为归，是爱国主义教育的重要内容。

初心如磐，使命似桅。自以毛泽东为代表的中国共产党人于 1927 年提出"农村包围城市"的革命道路时起，中央领导人便已经意识到中国国情和实践的特殊性，于是在 1945 年的中共七大上，中国共产党总结领导核心思想，形成了伟大的毛泽东思想，这便实现了马克思主义与中国具体革命实践的第一次结合，为中国特色社会主义的雏形奠定了坚固而厚实的基础。新中国成立后，党的领导核心开始探索适合中国现代化任务的正确道路，经过长达 30 余年的努力后，终于找到了属于自己的方向，即改革开放和中国特色社会主义建设，这是马克思主义与中国现代化建设的第二次结合，确立了邓

小平理论指导思想，创立了中国特色社会主义理论。中国特色社会主义结合了科学的马克思主义理论和贴合中国实践的经验，兼具正确世界观和方法论的指导，有力代表和维护着国家、民族、人民和政党的共同利益。过去的经验与教训、成功与失败均证实了我们毫不动摇沿着中国特色社会主义道路阔步向前方才是正确方向。中国特色社会主义首先解决的就是发展姓"资"还是姓"社"的问题，突破性地解放了思想，并根据实际以经济发展为中心，而不是重蹈苏联的覆辙，这一突破和发展重新打开了我国现代化建设的格局，为激发社会生产活力、解决社会主要矛盾提供了最可靠、最坚强的保障。在中国共产党的领导和全国人民的探索下，中国特色社会主义不断发展，涉及法治、政治、文化等方面，终于在党的十九大掷地有声地提出新时代中国特色社会主义思想，有底气地宣布中国特色社会主义进入新时代，成功打破了历史周期率，构建起长期、稳定、有效的国家和政党制度。改革开放以来，中国共产党领导人民进行伟大社会革命的实践成效生动说明了中国特色社会主义为什么"好"。拓展新时代中国特色社会主义教育格局，能更好地帮助青少年牢记中国红色政权来之不易，中国特色社会主义来之不易，中国发展成果来之不易，促进受教育者珍惜现在，做到将爱党和爱国、爱社会主义高度统一，入脑入心。

以梦为马，笃行致远。《新时代爱国主义教育实施纲要》提到深入开展中国梦教育，要引导全体人民认识到中国梦是国之梦、族之梦，也是人之梦。中国梦第一次于习近平总书记参观《复兴之路》展览之时提道："实现中华民族伟大复兴，就是中华民族近代以来最伟大的梦想。"① 从动荡革命时期的"星星之火，可以燎原"到改革建设时期的"上下一条心，全国一盘棋"，在这跌跌宕宕的历史中能够凝聚起全体民族的力量，最重要的原因就在于中华民族有过从繁荣昌盛跌落谷底的悲痛经历，有过从政通人和沦为人人可欺的屈辱历史，种种落差和血泪无时无刻不警醒着华夏儿女，国强则民安，国

---

① 习近平谈治国理政（第一卷）[M]. 北京：外文出版社，2018：36.

盛则民富，中华民族自古刻在骨子里的傲气、志气和底气早已与民族复兴的愿望和心结融为一体。中国梦是每个中华儿女共同的愿望和期盼，代表着中华民族最根本的利益。开展新时代爱国主义教育，就要聚焦于中国梦教育，让青年这一代了解中国梦不但是国梦、民族梦，亦是青年梦。习近平总书记在党的第十九次全国代表大会上强调"中华民族伟大复兴的中国梦终将在一代代青年的接力奋斗中变为现实"①，中国梦需要活力，需要新的基因，第一个百年奋斗目标在上一代共产党人和英雄人民的努力下顺利完成，第二个百年奋斗目标已在路上，未来奋斗的重任终将落在新时代青年身上，所以开展中国梦教育，要让青年们觉醒，意识到中华民族伟大复兴的中国梦不是敲锣打鼓、轻轻松松就能够实现的，需要新时代青年凝心聚力、志存高远、只争朝夕，将个人梦融入中国梦，在为民族复兴的奋斗中绽放青春光彩。

---

① 习近平. 决胜全面建成小康社会　夺取新时代中国特色社会主义伟大胜利 [N]. 人民日报，2017–10–28（01）.

第三章　新时代爱国主义教育知识学习

第一节　爱国主义教育知识学习的重要意义和内涵

当前，中国特色社会主义进入新时代，中华民族伟大复兴正处于关键时期。站在新的时代潮头，加强学习爱国主义教育知识，对于更好地理解爱国先进事迹、传承民族精神，实现祖国繁荣富强、民族振兴、社会进步和人民幸福具有重大而深远的意义。但是，在加强对爱国主义教育知识的学习时，我们需要矫正以往学习过程中产生的诸多误区，保证从源头处用好爱国主义教育素材。

一、爱国主义教育知识学习的误区

（一）将狭隘民族主义与爱国主义相等同

中国特色社会主义进入新时代，爱国主义教育作为新时代教育的重要组成部分也有了新的历史内涵，肩负着新的时代任务。面对新时代的复杂变化，新旧使命与担当的相互叠加导致人们在学习爱国主义教育知识过程中产生诸多困惑与误区，其中排在第一位的就是将狭隘民族主义与爱国主义相等同。

民族主义，即以自我民族的利益为基础进行的思想或行动。近代以来，民族主义推动了民族解放与平等。但是当民族之间的矛盾升级进而导致冲突发生时，即便这些非理性的民族主义行为是以维护民族利益为出发点，也不是我们所倡导的爱国主义，而是一种狭隘的民族主义。因为这些民族主义行为是极其不理性的，是极端偏激的。这种民族主义以孤立、保守、排外甚至侵略他人为特征，是一种将民族利益至上发挥到极致的极端主义，而我们所倡导的爱国主义，同这种狭隘的民族主义是完全不同的，这两者在本质上有着鲜明的区别：①我们所坚持的爱国主义和狭隘的民族主义，两者在对待"他者"的态度上是不一样的，他们之间有明显的不同。对于后者而言，"我们"与"他者"之间紧密相连，而且只有对"他者"的贬低才可以带来本集团内积极的自我想象。②在这种情形下，其对内是开放的，而对外则处于闭合状态。我们所坚持的爱国主义，也主张"我们"与"他者"密切相关，但两者之间互不排斥，其在关切祖国和同胞的同时，还给予其他国家和人民以关爱，对其他国家和人民是一种开放包容的状态，而不像狭隘的民族主义一样，是一种闭合的状态。由此可见，狭隘的民族主义偏离了民族发展的正常轨道，并非我们所要倡导学习的。因此，在进行爱国主义教育知识的学习时，要明辨是非，不要将狭隘的民族主义与爱国主义相等同。

（二）将爱国情感与爱国行为相割裂

爱国主义既是一种情感，也是一种思想，还是一种行为。情感是基础，思想是灵魂，行为是体现。只有做到情感、思想和行为相统一，才是真正的爱国者。习近平总书记曾指出，对每一个中国人来说，爱国是本分，也是职责，是心之所系、情之所归。③可见，爱国主义是每一个个体对祖国所产生的深厚情感。然而，行动是情感的外化，一颗爱国之心要以报国之行实现。因此，在进行爱国主义教育知识的学习过程中，要注意将爱国情感和爱国行动统一起来，二者是不能割裂开看的，它们是一种相辅相成的关系。

在现实生活中，几乎没有人会认为自己不爱自己的祖国，然而在灾难和利益面前，每个人报国的行动却各有不同。此时，有人挺身而出，有人趁机

---

① 江泽民. 江泽民文选（第一卷）[M]. 北京：人民出版社，2006：581-582.
② 潘亚玲. 民族主义与爱国主义辨析 [J]. 欧洲研究，2006（4）：84-99.159.
③ 习近平. 在纪念五四运动 100 周年大会上的讲话 [M]. 北京：人民出版社，2019：7.

发"国难财"；有人逆向而行，有人却在网络上颠倒"是非黑白"。可见真正的爱国主义，是以"情"为始，以"志"为承，以"行"为终，是个人利益与家国利益的平衡。因此，我们要加强爱国主义的学习，并在学习爱国主义知识时，避免陷入将爱国情感与爱国行为相割裂的误区，不断在深入学习中领悟爱国之理、厚植爱国之情、砥砺强国之志、实践报国之行。

（三）将经济全球化与爱国主义相对立

当今时代，经济全球化已成为不可阻挡的世界性潮流，商品货物流通范围日益扩大，越来越多的人就职于外资企业。在这样的时代背景下，国与国之间的边界看似越来越模糊，那么是不是爱国主义就不存在了呢？答案是否定的，经济全球化与爱国主义间并非对立关系。

经济全球化是指商品、服务、技术、资金等要素走出国门，在全范围内流动，进而使得各个国家之间的经济紧密相连的一种趋势。这种全球化的趋势对于推动各个国家的经济发展和促进世界经济欣欣向荣有着重要催化作用，各种经济要素的跨国界流动使得各国之间的经济联系越来越密切，相互依赖性也越来越强。但是这种全球交往的深化，并非意味着国与国之间的边界已不复存在。当前，在经济全球化的背景下，某些发达国家的政要和学者借此积极宣称伴随着经济全球化的到来，民族国家的时代已经过去，爱国主义已经过时。他们还极力鼓吹，经济全球化势必导致政治全球化和文化全球化，并妄图推行政治、文化一体化。这些错误思潮影响了一些人的思想价值观念，使得他们在归属感上产生困惑和动摇，甚至有些人真的认为，在经济全球化背景之下，爱国主义已经过时了。然而事实并非如此，经济全球化并不代表一切差异的消除，更不代表全球政治、文化一体化。祖国作为每个民族的坚强后盾，对于每个民族而言，是最高的组织形式。所以，经济全球化不能抹去国家和民族的差异，不能否定爱国主义存在的必要性。我们在进行爱国主义教育知识的学习时，不能将经济全球化与爱国主义相对立，应当认识到在经济全球化背景下，虽然外部条件会给我们国家带来诸多挑战，但是也会带来很多发展机遇，所以我们要充分做好准备，在经济全球化浪潮中，更好地维护国家安全。

二、爱国主义教育知识学习的重要意义

学习爱国主义教育知识，既有重要的时代意义，也有利于塑造正能量的个体。

（一）爱国主义教育知识学习的时代意义

1. 有利于维护国家统一和民族团结

爱国主义作为一种巨大的精神力量，维系着中华民族的团结和统一，不断激励着中华儿女为实现祖国繁荣、民族富强贡献自己的力量。习近平总书记指出，实现祖国完全统一是全体中华儿女的共同愿望。[①] 因而在加强爱国主义教育的过程中，必须把维护国家统一和民族团结作为重要学习内容，构筑起爱国主义的磅礴力量。爱国主义还是将中华民族紧紧团结在一起的凝聚力。在第二个百年奋斗目标开局的新时期，不断加强对爱国主义教育知识的学习，要持续为广大人民尤其是青少年努力向前奋斗注入源源不断的"营养剂"，引导他们正确认识当前的世界格局，不断增强对我们伟大祖国、伟大民族的认同感和自豪感，并且以自己的实际行动，坚决维护国家统一和民族团结。

倘若没有爱国主义这面伟大的精神旗帜，就不可能有今天蓬勃发展的新中国。今天，中国身处百年未有之变局。在中国共产党的领导下，中国的发展取得了傲人的成就，然而国际上却有一些居心不良的势力，他们无法正确看待中国的发展，甚至还恶意造谣诽谤中国，企图抹黑中国的国际形象，试图阻碍中国的社会主义现代化建设。对此，我们要立场坚定，坚决地反对分裂国家、破坏民族团结的言行，维护祖国统一和民族团结，通过多样的方法和载体，加强对爱国主义教育的知识学习，深入了解我国民族区域自治制度、

---

① 习近平.在庆祝中国共产党成立 101 周年大会上的讲话 [J].求是，2021（14）：4-14.

"一国两制"等制度的优点，深刻领会国家统一、领土完整、国家安全的重要性，引导人民群众树立国家意识，培养爱国情操，从而增强广大人民特别是青少年热爱各族人民、维护祖国统一的情感。

2. 有利于培育社会主义核心价值观

党的十八大明确提出二十四字社会主义核心价值观，[①] 这并非词语的机械组合，而是有规律、有层次地阐述社会主义核心价值观的时代内涵，其分别从国家、社会和个人层面出发来阐述价值目标，既体现了中华民族的传统道德精华，又体现了时代精神和要求，还体现了个人可持续发展的现实需求。其中，在个人层面上，爱国是个人基本的道德规范，加强对爱国主义教育知识的学习，有利于学生更好地培育和践行社会主义核心价值观。

具体而言，通过对爱国主义教育知识的学习，学生能学会将理论知识与国情世情相结合。在面对严峻且复杂的形势时，将弘扬爱国主义精神作为社会主义核心价值观的核心内容；在学习爱国主义相关理论知识的同时，加强对国情世情的学习；在对国情世情、党情民情等的深入领会中，提高价值判断和价值选择能力，培养和选择正确的社会主义核心价值观。学会将情感与理性相结合。依托这份情感，可以帮助人们尤其是青少年形成坚定的、稳固的社会主义核心价值信念体系，鼓励他们坚定不移地践行爱国主义。在依托这份情感进行学习领会的同时，要重视理性的作用，在爱国主义教育过程中，理性分析、理性引导道德教育对于广大人民尤其是青少年的影响作用，帮助他们清醒地认识到，坚持中国共产党的领导、坚定不移走中国特色社会主义道路是历史发展的必然，也是现实发展的必要，进而理性践行爱国主义。此外，通过爱国主义教育知识的学习，学会将爱国主义与国际主义相结合，要在学习中清晰地认识到我们国家之所以能够取得如此之多的社会主义建设成就，良好的国际环境也很重要。在和其他国家交流合作过程中，要明白"求

---

① 胡锦涛. 坚定不移沿着中国特色社会主义道路前进 为全面建成小康社会而奋斗 [N]. 人民日报，2012-11-18（01）.

同存异"的时代内涵，要在尊重差异的基础上，实现各国共同发展。只有这样，才能为社会主义核心价值观的培育与发展塑造一个良好的国内外环境，进而为更好地践行爱国主义营造良好的社会氛围。

（二）爱国主义教育知识学习对个人成长成才的意义

1. 有利于个人形成正确的爱国观

爱国观是个人或群体基于对国家价值的认同，对于什么是爱国以及怎样做到爱国等的观点和看法。中国历史中，许多民族英雄不畏艰难险阻，以国事为己任，保家卫国，他们爱国爱民的英雄事迹都是非常值得我们学习的。学习他们的英雄事迹，有利于广大人民尤其是青少年形成正确的爱国观，进而践行爱国之志。

从内容上看，正确的爱国观并非凭空想象形成的，而是在具体学习之中形成的。通过爱国主义教育知识的学习，学会热爱祖国的锦绣河山，以实际行动维护祖国领土完整；学会团结自己的骨肉同胞，坚持以人为本，走群众路线，时时刻刻以人民群众为重，想群众之所想，急群众之所急；学会热爱祖国的历史和文化，认真学习，深入理解，在充分学习和理解的基础上，创造更加辉煌的民族文化；学会热爱自己的国家，为国家的繁荣富强贡献自己的力量。只有通过以上这些的学习，我们才能不断深入领悟爱国主义的思想真谛，进而树立起正确的爱国观，并且在实践中弘扬爱国主义，让爱国主义传统代代传承、发扬光大。

2. 有利于个人道德品质的培养塑造

在全国教育大会上，习近平总书记强调，要坚持中国特色社会主义教育发展道路，培养德智体美劳全面发展的社会主义建设者和接班人。[①] 可见，道德品质作为一种内在品质，在个体的成长成才过程中扮演着重要角色。然而，道德品质的形成，并非在短期内完成的，一般而言，它要经历一个从道

---

① 坚持中国特色社会主义教育发展道路　培养德智体美劳全面发展的社会主义建设者和接班人 [N]. 人民日报，2018-09-11（01）.

德认识到道德实践、由道德观念到道德信念、由道德行为到道德习惯的长期发展过程。这一过程是在社会环境、社会关系与自身内部因素相结合而逐渐发展起来的。但是，社会环境与社会关系的影响具有两面性，有些可控制，有些不可控制，在这一过程中，加强爱国主义教育知识的学习有利于避免不良影响因素对道德品质形成的误导，为培养塑造良好的道德品质指引方向。

从具体形成而言，首先，个体道德品质的形成是从正确的道德认知开始的，道德认知正确，才有可能培育起良好的道德品质。作为一种正确的道德认知，正确的爱国主义认识有助于个体树立正确的道德认知，因此有必要加强爱国主义教育知识的学习，帮助个体形成正确的道德认知。其次，个体道德品质的发展过程并非径情直遂的，会受到复杂多样的社会因素或现象影响，每个人都必须面临多种抉择。而爱国主义作为调节个人与国家关系的道德规范，对人们的行为有着规范和约束作用，因此，加强爱国主义教育知识的学习，有助于对个体的道德选择起到价值引导作用，帮助个体明白什么是正确的道德选择，进而做出正确抉择。最后，道德品质的形成过程还是一个人将外在的道德观念内化为道德信念的过程。起初，一个人对于相关的道德规范，还只停留在外在的认同上，此时，这种道德规范对于一个人的影响是浅层次的，仅停留在外在表现行为上，还没有进入一个人的内心。但是当这种表现行为不断重复，并成为一种常态化的行为方式和心理特性时，影响行为的道德规范，会逐渐深入人的内心，真正内化为一种道德信念。这个道德品质的形成过程，事实上也是道德规范从他律变成自觉习惯的过程。而爱国主义作为一项日常的道德行为规范，像职业道德、家庭美德、社会公德一样，亦是需要在日常生活中长期自觉坚持的，因此要加强爱国主义知识的学习，这种日常化的爱国主义行为有助于个体养成良好道德习惯，进而培养塑造出优良的道德品质。

三、爱国主义教育知识学习的重要内涵

古往今来，爱国主义教育知识的学习都是中国教育的重要组成部分。从"圣学""道统"到"兴国安邦""精忠报国"等，无不映射着爱国主义教育知识学习的主题。一直以来，中国共产党高度重视爱国主义教育，尤其是党的十八大以来，党中央把爱国主义教育知识的学习贯穿于国民教育的全过程，面向全体人民尤其是高校大学生开展爱国主义教育，引领广大大学生于不断深入学习中，培养爱国情怀。

（一）坚持爱党爱国爱社会主义相统一

加强对爱国主义教育知识的学习，首先就要明白，爱国和爱党、爱社会主义是高度统一的。在纪念五四运动100周年大会上，习近平总书记指出："当代中国，爱国主义的本质就是坚持爱国和爱党、爱社会主义高度统一。"①这再一次强调爱国主义的本质，可见加强对爱国主义教育知识的学习，要始终坚持爱国和爱党、爱社会主义相统一。

立足新时代，学习爱国主义教育知识，要坚持爱国爱党爱社会主义高度统一，这是有牢靠理论、实践和法律依据的。从理论层面来看，中国共产党的性质、我国的国家性质，决定了我国应当坚定不移始终坚持中国共产党的领导。从实践层面来看，近代以来，中国遭遇了史无前例的灾难。在这一背景下，为了改变这种困境，无数仁人志士前赴后继，不畏艰难，进行了诸多尝试，然而都没能够取得最终的胜利。这段历史中，中国人民虽然历经磨难，但从来没有被压垮过，而是愈挫愈勇，采取多种方式，奋力反抗三座大山的压迫。在激烈的斗争中，中国共产党应运而生，勇往直前，肩负起救亡图存的历史使命，团结带领人民，不断在磨难中成长、从磨难中奋起，最终推翻三座大山，建立新中国。可见，坚持中国共产党的领导，矢志不渝走中国特色社会主义道路，是历经磨难的中国人民在长期实践摸索中找到的必然

---

① 习近平. 在纪念五四运动100周年大会上的讲话[M]. 北京：人民出版社，2019.7.

选择。从法律层面来看，我国宪法的总纲明确做出规定，要坚持中国共产党的领导，实行社会主义制度，以国家根本大法的形式，强调爱国、爱党和爱社会主义的重要性。综上所述，我们会发现在爱国主义教育知识学习过程中，坚持爱国和爱党、爱社会主义高度统一，并非凭空想象，而是有着充分依据的。

因此，在学习爱国主义教育知识过程中，一方面，我们的学习方向要明确，不能有方向偏差，必须始终坚持中国共产党的领导，深刻认识到没有中国共产党的领导，就没有中国繁荣富强的今天；另一方面，我们要在学习爱国主义教育知识的过程中，深入理解近代以来中国人历经磨难不懈奋斗的内在逻辑，并且在学习中坚持爱党、爱国、爱社会主义相统一，明白三者是高度统一于实现中华民族伟大复兴的历史实践中的关系，在任何时候都不能将它们割裂开。

（二）立足中国又面向世界

加强爱国主义教育，不断深入学习爱国主义教育知识，还需要站位准确，既立足中国又面向世界。即一方面从中国的实际出发确定学习的主题和内容，挖掘更多的爱国主义学习资源。另一方面随着我国的迅速发展，中国正日益走向世界舞台的中央，在这样的新时代背景下，学习爱国主义教育知识亦需要面向世界。习近平总书记在主持中共中央政治局第二十九次集体学习时指出，尊重各国人民选择的发展道路，我们要把弘扬爱国主义精神与扩大对外开放结合进来，尊重各国的历史特点、文化传统，善于从不同文明中寻求智慧、汲取营养，增强中华文明的生机活力。[①] 由此可见，始终坚持立足中国、面向世界亦是加强爱国主义教育知识的学习需要秉持的。

立足新时代，加强对爱国主义教育知识的学习，一方面必须坚持立足中国实际、从中国实际出发的原则。中国的历史发展和现实实际是无法被取代的，是我们作为中华儿女始终要传承和发展的，也是践行爱国主义的重要体

---

① 习近平. 大力弘扬伟大爱国主义精神　为实现中国梦提供精神支柱 [N]. 人民日报，2015–12–31（01）.

现。只要国家存在，爱国主义就有牢固的历史基础和现实支撑，爱国主义教育知识的学习也就有了目标引领和坚实支撑。另一方面，站在新的时代潮头，加强爱国主义教育知识的学习，还必须面向世界，向世界传播中国声音。在当今世界，没有哪个国家面对世界范围内的各种挑战和困难能够独善其身。因此，在全球范围内各国应当共同努力，致力于建立一个安全、可持续和共同发展的世界，一同为构建人类命运共同体而努力。这也意味着在新时代加强对爱国主义教育知识的学习，我们的视野要更加开阔，胸怀要更加宽广，面向世界讲述中国故事、传递中国声音，为世界的可持续发展贡献中国的一份力量。因此，学习爱国主义教育知识要树立广大学子尤其是青少年坚持立足中国又面向世界的格局，引导他们从民族事迹到家国故事、从民族英雄到抗疫英雄中感受爱国主义的磅礴力量，培养家国情怀。同时也要引导他们形成国际视野，拥有更加宽广的胸怀，让他们尊重不同国家之间的差异，从不同文明中汲取智慧和营养，使中华文明在交流互鉴中更具生机与活力。

（三）与学习实际相结合

高校学生作为学习爱国主义教育知识的主体，还需要与他们的学习实际相结合。《纲要》要求新时代爱国主义教育要把教育的中心放在青少年身上。因此，在加强爱国主义教育知识学习过程中要有针对性，重点与青少年尤其是大学生的学习实际相结合，只有这样，才能更好地增强爱国主义教育的针对性和实效性。一般来说，进行爱国主义教育知识的学习，祖国的大好山河、悠久历史、杰出人才等都是学习的重要内容。但需要注意的是，爱国主义教育知识的学习不仅仅是思想层面的学习升华，还是情感层面和行为层面的熏陶和引导。因此，在进行爱国主义教育知识的学习过程中，还应当注重协调个人成才立业与家庭、学校和社会的培养之间的密切关系，只有这样才能真正将爱国主义思想植根于广大学子的心中并以实际行动自发践行爱国主义。对于大学生而言，他们思想价值观念的形成正处于关键时期。当前大学生主要将学习的重点放在理论知识上，通过实践的形式，加深理解和学习的机会相对较少；大学生情感较为丰富而理性思维相对缺乏；他们自主独立意识较强但集体精神尚且相对缺乏。这些问题都表明大学生学习爱国主义教育知识需要家庭、学校和社会的正确引领，将专业学习融入爱国主义学习过程中去，通过不断丰富和完善学习内容、学习方法与学习载体等方面，巧妙地运用爱国主义教育知识引导大学生正确处理情感激励与理性引导、独立自主与集体合作之间的关系等，通过相关理论知识和现实实际相结合激发广大大学生树立忧患意识，不断强化责任担当，增强爱国主义教育的实效。

第二节　发挥思政课程在爱国主义教育中主阵地作用

《纲要》明确指出，思政课程作为高校的一门必修课，在爱国主义教育中发挥着重要作用，是爱国主义教育的主要阵地。因此，加强新时代爱国主义教育有必要充分发挥高校思政课程的主阵地作用，让学生于思政课程中学习爱国主义相关知识，领会爱国主义的思想真谛，进而努力培养出有担当、有使命感的时代新人。

一、牢固树立主阵地意识

课堂作为高校学生学习知识的主要阵地，是学生汲取精神食粮的主要营养源。思想政治课作为高校学生众多必修课程之一，在教育学生如何热爱祖国、引导学生如何为人处世、提升学生的思想道德修养、帮助学生树立较强的法治观念等方面起着重要的作用。所以，想要最大限度地发挥高校思政课程在爱国主义教育中的主阵地作用，首先就要牢固树立起主阵地意识，让学生在潜移默化中树立起爱国信念，不断加深爱国情感，进而自觉采取爱国行动。

（一）牢固树立主阵地意识的必要性

习近平总书记寄语广大青年时说道："做人要有气节、要有人格。气节也好，人格也好，爱国是第一位的。"[①] 可见，对于个人而言，气节与人格

----

① 习近平. 在北京大学师生座谈会上的讲话 [M]. 北京：人民出版社，2018：11.

中爱国始终是摆在首位的。因此对于高校而言，为了让大学生更好地传承中华民族的爱国主义传统，更深入地理解爱国主义，自觉做新时代爱国主义精神的弘扬者，应当牢固树立起主阵地意识。

水稻的生长过程中有一个非常关键时期叫拔节孕穗期，这是水稻加快生长速度、结出累累穗谷的关键时期，需要进行精心的培育和照料。青少年阶段对于个人的成长而言也是关键期，也需要悉心呵护、用心引导，只有这样青少年才能更好地茁壮成长，成为栋梁之材。而思想政治理论课会为同学们提供正确的思想引导，成为高校学生的必修之课，它作为引导学生树立正确思想价值观的主要课堂和爱国主义教育的主阵地，承担着培养高校学生爱国情感，并将爱国之情转化为报国之行的重要任务，对于大学生的心理健康成长、自觉弘扬和践行爱国主义而言不可或缺。由此可见，只有牢固树立起主阵地意识，丰富学生的爱国主义知识，涵养学生的爱国主义思想，提升学生的爱国主义境界，将学生个人的成长成才与国家的繁荣发展紧密相连，才能听见同学们节节拔高的声音，看到同学们收获穗穗盈盈的喜悦。

也许部分同学会有疑惑，认为高中已经上过思想政治课，对爱国主义也有一定的了解，为什么大学还要再上思想政治理论课呢？实际上，知识的学习积累、思想的不断升华并非一蹴而就的，而是一个由感性认识开始，进而逐渐上升到理性认识的由表及里、螺旋式上升的过程，中学学习的爱国主义知识内容，主要阐述爱国主义"是什么"，课程要求以知识点记忆和增强感性认识为主，而大学的思想政治课程旨在将高中学习到的内容系统化、理论化、科学化，即在了解爱国主义"是什么"的基础上，进一步理解"为什么"，引导同学们深入学习和理解爱国主义，厚植爱国主义情怀，并自觉付诸行动。

（二）牢固树立主阵地意识的重要途径

1.完善课程教学内容

提高思想政治课程的质量，要以世界格局为基础，分析党和国家的事业发展实际，坚持中国特色社会主义，从而实现中华民族伟大复兴。① 可见，牢固树立主阵地意识，首先要完善思想政治课程的教学内容。通过不断完善思想政治课堂的教学内容，赋予爱国主义教育新的内涵，进而进一步提升爱国主义的教育质量。

完善思政课程的教学内容，需要在教学过程中既注重思想政治相关理论知识的讲授，又将时代性融入其中。目前而言，高校本科开设的思想政治理论课主要包括四门，虽然各门课程所涵盖的具体内容不一样，教学侧重不同，各个学校开设的各门课程的先后顺序也不同，但是他们有一个方向是一致的，那就是通过在各门课程中讲授爱国主义相关的知识，共同致力于培养高校学生的爱国情感。因此，牢固树立主阵地意识，需要我们以爱国主义为纽带，不断完善各门课程中的爱国主义知识，使它们能够很好地串联起来，形成一套科学的、完整的，弘扬爱国主义的知识体系。为此，在"思想品德修养与法律基础"中，除了讲授大学生在成长成才过程中如何提升自身的思想道德修养，以及在面临法律问题时应当如何处理等问题以外，还应当与时代相结合，讲授当前社会热点问题所呈现出来的爱国精神品质。在"中国近现代史纲要"课堂上，除了讲授鸦片战争以来中国人民开天辟地的历史事件，讲述历史上的爱国主义是怎样的等问题外，还要引导学生思考历史上所呈现的爱国主义精神对于今天的我们有何启发，以及今后我们应当如何学以致用，更好地传承好爱国主义精神。在"马克思主义基本原理概论"课堂上，向学生讲授马克思主义相关基本理论和基本规律外，还应当引导学生深入思考马克思主义基本原理在现实生活当中应当如何具体运用，深入挖掘其背后的运用逻辑。在"毛泽东思想和中国特色社会主义理论体系概论"中，除了讲授毛泽东思想外，还要引导学生深入挖掘当前为了实现可持续发展，我国出台的相关国家重大方针和政策所沿用的理论内涵和创新之处有哪些，

① 关于深化新时代学校思想政治理论课改革创新的若干意见 [M]. 北京：人民出版社，2019：12.

进而增强高校学生的国家认同感和民族自豪感。对以上各门思想政治必修课程内容的不断完善，可以为"中国梦"不断提供现实爱国支撑、历史阐释、运用逻辑及理论内涵，既与历史相结合，又具有时代性，既具有理论基础，又具有逻辑依据，从而促使大学生形成一个完整的爱国主义理论知识体系，进而助推高校学生更系统地学习爱国主义知识，产生理想的爱国主义教育效果。

2.提高课程教学艺术

在思政课堂上进行爱国主义教育，教师是教授的主体，学生是教授的客体，教学形式则是教授的手段。在主阵地上，教师、学生与教学形式三者都会影响到爱国主义教育的实效性。呈前所述，要不断完善思政课程内容，助推高校学生更系统地学习爱国主义知识，从而产生理想的爱国主义教育效果。那么同样需要完善教师和教学形式，这需要不断提高课程的爱国主义教学艺术，提升教学主体的教学能力，丰富教学形式，进一步提升爱国主义的教育效果。

一方面，在思政课程中，教师作为教学的主体发挥着主要作用，这对教师提出了多方面的要求。首先教师应当做好思想道德品质的表率，追求高尚的道德品质。同时在课程教学过程中要以爱国主义的内容为基础，将知识的科学性与思想性相结合。其次思政教师在加强研究爱国主义相关知识的同时，还要注重收集先锋模范的事迹材料，恰当地运用到课堂当中去，以更好地增强爱国主义的教育效果。最后，相关教师要做好践行爱国主义的表率，在课堂内外充分利用与学生接触的机会，言谈举止中体现爱国主义和社会主义核心价值观的要求，以身作则，增强教育的现实性。另一方面，教学形式作为教授的手段，对于高校学生更好地吸收爱国主义教育知识，提升教育的实效性具有重要作用，因此牢固树立主阵地意识，有必要不断创新与完善教学形式。为此，在教学过程中，教师可以根据教学的内容，适当地开展影视教学，将无数革命英雄的爱国情感和爱国事迹以视频的形式展现给学生，激发他们的情感共鸣，启迪他们的爱国心。要与时俱进，充分利用网络资源进行生动的爱国主义教育，例如，通过"中国共青团网""共产党员网"等网站让学生们在听觉和视觉的双重熏陶下，感悟爱国先进事迹。另外，还要因地制宜，突出特色教学，融入地方革命与建设史教育。让国与家的教育紧密结合，让学生充分认识到国是大家，家是小国。并实现从熟悉自己的家人，到熟悉自己的家乡，再到了解我们的国家的过程转变。

因此，爱家乡是爱祖国的起点，注重地方革命与建设史内容的教授，对丰富思政课堂的教学内容、提升学生学习爱国主义教育知识的兴趣发挥着重要作用。而就地取材，深入挖掘的地方革命与建设史也就成为爱国主义教育的良好素材。在国家重大节日或纪念日，还可以利用就近的地方革命红色基地，打造爱国主义教育的移动课堂，有益于激发大学生的爱国主义热情，提高爱国主义教育的实效性。

二、全过程中融入家国情怀

在爱国主义教育中，家国情怀教育是重要的环节。中华文化源远流长，在这一进程中，沉淀下来的家国情怀是加强爱国主义教育过程中的重要教育资源。因此，在充分发挥高校思政课程在爱国主义教育中的主阵地作用时，有必要在全过程中培养学生的家国情怀，让大学生更好地了解国情、了解民情，激发他们的强国之志并转化为实现自我人生价值的自觉行动。

（一）融入家国情怀的必要性

家是最小国，国是千万家，对于每个人而言，其成长成才都离不开家，更离不开国，其人生道路与家国之间有着密切联系。在新时代，家国情怀表现为：每一个个体对自己祖国的大爱，对人民群众的深切关爱，以及对个体自身而言能够不断提升自我的期待和追求。这与思政课对当代大学生的要求是十分契合的。因此，在高校思政课程融入家国情怀，十分有必要。

在不同的时代，家国情怀有着不同的内涵。千百年来，中华民族得以从一次又一次从磨难中觉醒、在绝境中逆袭，愈变愈强，正是因为一代又一代饱含家国情怀的有志之士，怀揣拳拳赤子心，奋不顾身尽己之力投身到一次又一次的浪潮中。他们身上所展现出来的炽热而深沉的家国情怀，正是当代大学生需要学习的。它能够让学生于感触之中深刻认识到自身的使命与责任，激励自我更加努力学习，提升自己的专业本领，像无数拥有家国情怀、报效祖国的前辈一样，将来运用自己的本领，为家乡的建设，为祖国的繁荣富强贡献自己的力量。

（二）融入家国情怀的重要途径

1.结合家国情怀构建特色化思政教学体系

有家才有国，国是千万家，家庭和国家之间有一种剪不断的密切关系，因此，爱家与爱国是紧密相关的。古往今来，许多文人墨客都通过诗歌表达着对家乡和祖国情感。例如，杜甫的"安得广厦千万间"、顾炎武的"天下兴亡，匹夫有责"、宋哲元的"中国要自强，齐心到战场"、吉鸿昌的"国破尚如此，我何惜此头"等，这些诗歌广为流传，都传递着深沉的家国情怀，震撼读者的心灵。因此，在高校思政课程的教学过程中，教师应当结合家国情怀，构建有特色的思想政治课程教学体系，让学生于思想政治课程中领会到家国情怀。

具体而言，应当从以下两方面着手：一方面，要利用好现有的家国情怀资源，进行爱国主义教育。传承几千年的中华文化博大精深，其中，有关家国情怀的教育资源非常丰富，许多还处于等待开发的状态。因此，高校教师在加强爱国主义教育过程中，要有文化自觉性，积极投身到家国情怀教学资源的深入开发当中去，通过查找文献、上网搜索，实地探索，必要时借助相关文化部门的支持以更好地获取及整合家国情怀相关的资源，并将其融入爱国主义教育当中去，利用这一教学特色，更好地启迪学生的爱国智慧，培育学生的家国情怀。另一方面，要坚持统筹优化的思想，在现有家国情怀相关资源的基础上，进一步统筹优化，再生成对于爱国主义教育而言实效性更强的教育资源。当然，这里的统筹优化，并非漫无目的的，而是以更好地实现爱国主义教育效果为目标而进行的。只有这样，才能形成更具特色的思政课程教学体系，让学生于融入家国情怀的思政课程中增进爱国情感。

2. 在课堂教学中引入家国情怀实例

在高校思政课堂进行爱国主义教育、植入家国情怀是科学的策略。过去的思政教学过程中，在课堂上讲授毛泽东思想、邓小平理论、"三个代表"重要思想、科学发展观及习近平新时代中国特色社会主义思想，不仅能够传授爱国主义理论知识还能启迪学生的心灵。然而，许多大学生都存在逆反的心理，在老师的谆谆教导过程中，他们不以为意，认为老师讲授的知识太过于空洞乏味，甚至产生反感，这使得老师辛苦讲授的课程内容无法真正进入学生的大脑，更别说进入他们的心灵了。在这种情形下，思政教师在教学过程中就应当从家国情怀入手，在课堂中引入许多的家国情怀实例，通过对相关实例的讲解，更好地培养学生的爱国情怀。

比如，面对2021年河南的突降暴雨，我国各省人民子弟兵、各级党员和干部、人民群众冲锋在前，在防汛救人中彰显着"逆行者"的担当和无畏。面对这场无情的天灾，全国上下紧紧团结在一起，众志成城，相互帮助，以实际行动彰显人间的温暖真情，奔赴抗洪前线的英雄不计其数，他们以不畏艰难、不怕牺牲、勇往直前的大无畏精神，树立起了一座座伟大的丰碑。通过在思政课程中融入实例的讲解，学生对于爱国主义会有更深刻的理解，同时也会进一步明白，家国情怀并非看不见、摸不着的，也并非遥不可及，它其实就在我们的身边。

3. 通过多种方式将家国情怀融入思政课程中

在现代教学中，多样化的教学形式逐渐深入课堂，取代传统教学方法，并取得了良好效果。因此，在开展思政教学过程中，如果想要更好地将家国情怀融入，就应当顺应时代的发展趋势，采用多样化的教学形式。

具体而言，首先可以采取体验式教学方式，即通过创造和设计与家国情怀相关的具体场景，帮助学生更好地体验爱家庭、爱家乡和爱祖国，进而深入且准确地理解家国情怀。在教学过程中，为了让学生更好地感受家国情怀，思政教师可以以"同上'思政大课',厚植'家国情怀'"的形式,或者以"家国情怀文化讲堂"的方式进行教学。这种方式主要是通过搜集相关的书籍或案例,在课堂上让学生们进行阅读,或者由老师进行仔细的引领阅读,虚拟地创设出相关的具体场景,以让学生更好地理解和感悟家国情怀。其次,可以采取娱乐式教学方式,即以娱乐的方式开展家国情怀教育。顾名思义,这种方式是在娱乐时潜移默化地培养学生爱国情感。在这种方式中,思政老师可以以"家国情怀"为题,让学生们表演红色课本剧、唱响红歌等,以这种娱乐方式提升学生学习爱国主义教育知识的兴趣,引导学生们仔细琢磨与思考,进而加深对家国情怀的感悟。最后,可以采用创作式教学方式,即让学生以创作的方式来理解和感悟家国情怀。在这种方式中,教师会给学生们每人发一份爱国事迹材料,让学生们同样以"家国情怀"为题融入自己的想法进行文字创作。先由同学们运用现有的材料来进行独立创作,之后再由教师针对学生的创作成果来进行进一步的深入指导,这有益于促使学生在思维碰撞中对家国情怀产生更深层次的感触,加深对爱国情怀的理解和感悟。

三、为课程思政提供理论支持

在课程思政中,其他课程也要守好一段渠,种好责任田,使各类课程与思想政治理论课程同向同行,形成协同效应。可见,思政课程与其他各门课程之间,并非毫不相关,而是有着密切联系的,其他各门课程在思想政治教育工作中也发挥着重要作用。因此,充分发挥思政课程在爱国主义教育中的主阵地作用,能够为课程思政提供理论上的支持,使得两者之间得以协同发展。

(一)正确认识"思政课程"与"课程思政"

"思政课程"与"课程思政"尽管两者都含有"思政""课程"两个词语,只是顺序不一样,但这意味着两者的理论内涵大不相同。充分认识思政课程是如何为课程思政提供理论支持的,这需要我们首先正确认识"思政课程"

与"课程思政"两者之间的关系。

第一，思政课程是课程思政的基础，是思想政治教育的主渠道。思政课程是大学的必修课程，是落实立德树人根本任务的关键课程。这充分体现出思政课程的作用以及学科地位。因此，广大高校要将"思政课程"当作"关键课程"来办，最重要的是摆上关键位置，即要把思政课作为立德树人的"铸魂"课程，坚持以社会主义核心价值观为主线，以坚定理想信念为主旨，实实在在上好思政课程。而不能只在口头上强调要注重关键课程，而实际行动上却对思政课程的改进置之不理，不采取任何完善措施，使之在所有课程中处于一个边缘化的位置，而非如同形式上所强调的置之于关键地位。第二，课程思政是在思政课程基础上的完善，以隐性教育的方式开展思想政治教育。课程思政是指将诸多思政元素，例如理论、价值等融入各门专业课程当中去，潜移默化地影响学生的思想和行为。在这里，我们一方面要正确认识到课程思政的本质。课程思政教育，落脚点在最后"教育"二字，也就是说，其在本质上还是一种教育，是为了更好地实现立德树人而应运而生的教育。注重推进课程思政建设，并不意味着专业课程教育不复存在，由思政教育取而代之，而是强调在开展专业知识教育时，深入挖掘其中的思政元素，并且融入各门专业课堂当中去，以更好地助力学生成长成才。另一方面，我们要正确认识"课程思政"的地位。在新时代人才培养中，"课程思政"并非可有可无，而是不可或缺的，因此高校亦需要重视起来。第三，思政课程与课程思政之间，到底存在着什么样的关联，也要正确认识清楚。一方面，思政课程是思想政治教育工作主阵地，因此对于各门课程而言，发挥着重要的思政引领和支持作用。而课程思政则是在思政课程相关理论知识和价值引领的基础上，进一步深化思想政治教育的过程。另一方面，两者在育人方向和育人道路上是同向同行的，都以"立德树人"为根本。可见，只有思政课程与其他专业课程相辅相成，才能真正实现德业融合。

（二）为课程思政提供理论支持的重要途径

1.坚持同向同行，激发课程思政"向心力"

对于高校而言，课堂教学一直以来都是教育的主要阵地。充分发挥思政课堂在爱国主义教育中的主阵地作用，为课程思政的发展提供理论支持，有必要在思想政治教育工作方面大体一致，坚持两者同向同行，从而激发课程思政的"向心力"。

一直以来，高校思政课在引领高校树立正确思想价值观念方面都发挥着主阵地作用。而课程思政作为高校思政教育的一种创新实践，在新时代思政教育中扮演着重要角色。现在，坚持两者之间同向同行，一方面思政课程的主阵地作用不可动摇，通过不断总结以前的思想政治理论，融入现代元素创新相关思想政治理论等方式赋予思想政治理论新内涵、新活力，进而更好地为课程思政，提供有针对性、创造性的理论支撑。另一方面，要坚持两者同向同行，运用好思政课程，来激发课程思政的"向心力"。比如，在教学内容方面努力进行调整，不断优化教学内容，提高思政教师的育人能力和水平，不断深入研究其中的各类别思政教育元素，进而提升思政课程的有效性和针对性。对于课程思政而言，不宜将思政教育元素硬性灌输给学生，同样需要提高各门专业课程教师的育人能力和教学水平，不断深入分析本专业课程中可以被挖掘出来的相关思政教育元素，并且与思政课程的相关内容相融合，为课程思政教育提供建设思路，从而更好地推进课程思政建设。

2.搭建平台，加强思政课教师与专业课教师的沟通交流

在高校，作为引领学生树立正确思想价值理念的主力军，思想政治课教师在思想政治教学中承担着主要教学任务。因此，为了更好地为课程思政的发展提供理论支持，还需要依托平台的力量，搭建起思政课程教师与专业课教师之间沟通的桥梁，促进他们之间的沟通交流，从而更好地实现协同育人效果。

一方面，搭建好线下交流平台。通过进行集体备课，举行改进思想政治教育工作内容的研讨会等方式，促进思政教师与专业课教师之间的沟通。进

行集体备课，是促进教师之间交流思政教育工作的重要平台，通过这一平台，思政教师可以对相关思政理论、重点难点内容等进行详细讲解，加深专业课教师对这些内容的理解，进而为专业课教师从事"课程思政"提供理论支撑，弥补专业课教师在思想政治教育理论方面的不足。举行改进和完善思想政治教育工作的研讨会，思政教师与专业课教师以线下面对面的方式进行深入研究，彼此探讨思政教育工作的改进想法与建议，不仅在教学内容方面能够得以完善，而且能促进教学方法的完善，能够帮助思政教师明确其所要指导完善的内容，即如何更好地在专业课程中挖掘思政教育元素、融入思政教育内容。并且易于更有针对性地为"课程思政"提供理论支持，从而促进理论教学的开展。此外，互相听课也是一种很好的线下交流方式，它可以为专业课教师提供很好的学习机会，听思政教师的理论课，能够让专业课教师认识到自己在教授专业课程的过程中融入相关理论知识的情况以及方式等方面尚且存在哪些不足，并且不断加以完善和改进。同时它也提供了一个平台，让思政教师为专业课教师更好地开展"课堂思政"教育提供建设性意见，进而提升专业课教师开展"课堂思政"教学的教学能力。另一方面，搭建好线上交流平台。在互联网发达的今天，还可以通过运营有关思政教育经验交流的公众号、建立思政教育工作交流的微信群的方式，方便教师之间的沟通。开设有关思政教育经验交流的公众号，有利于为思政教师及专业课教师提供大量最新的思想政治相关教学资源；建立思政教育工作交流的微信群，则有利于教师们在有思政教育疑惑或者难题时，及时进行沟通与交流，提高相互沟通交流的效率，进而持续提升专业课教师开展"课堂思政"教学的教学能力。由此可见，线下平台与线上平台双管齐下，搭建思政教师与专业课教师沟通的桥梁，能够更好地统一教师们之间的思政教育思想，进而，更好地为课程思政的开展提供理论上的支持。

四、排除错误思潮对爱国主义教育的错误干扰

近年来，随着改革开放的深入发展，在经济繁荣和社会进步的同时，意

识形态领域的一些错误思潮也沉渣泛起，影响着当代大学生的思想价值观念。必须认识到思想政治理论课要坚持建设性和批判性相统一，思想政治课的任务是引导主流意识形态，直面各种错误观点和思潮。因此，在充分发挥高校思政课程在爱国主义教育中的主阵地作用时，要勇于直面多种错误思潮，排除多种错误思潮对爱国主义教育的错误干扰，让大学生于直面中不断巩固爱国主义思想，正本清源。

（一）排除错误思潮干扰的必要性

高校思政课程的教学过程实际上就是通过思政教师的多样化引导的过程，对学生的情感、思想及行为等产生启发可以使他们朝着正确的方向发展。当然，通过教学，使得高校学生的情感、思想及行为等朝着正确的方向发展是一种非常完美的理想状态。因为这个教学过程涉及的要素不仅仅包括正确价值观念的传播的主体，即思政教师，还包括学生这个认同主体、社会意识形态这个认同客体及社会环境。这四个要素之间是相互统一的。在发挥思政课程在爱国主义教育中的主阵地作用时，无论其中的哪一个主体出现问题、产生偏差，都会影响到爱国主义教育的效果。在当前的实践中，评估高校开展爱国主义教育产生的实际效果如何存在一种片面认识，即倘若评估发现其实际的教育效果并不理想，想当然地便认为是教育的主体，即思政教师的教学不到位造成的。事实上，容易被忽略的认同客体要素，即社会意识形态，尤其是各种错误思潮的干扰，也是影响其实际教育效果的重要因素。

意识形态原本是对现实世界的客观反映，就错误思潮而言，其与当前我国所存在的社会主流意识是相悖的。但对于大学生而言，他们的世界观、人生观和价值观仍然处于发展提升的阶段，当前信息技术发展迅速，学生在互联网上获取的价值观点更加多元，这些观点有些是符合社会实际的，有些是别有用心的个人或者组织捏造的。学生由于辨别能力不强，在对事件缺乏全面了解的情况下很容易受到蛊惑，价值判断受到干扰。

综上所述，我们会发现，错误思潮可以通过作用于社会环境影响传播主体和认同主体，进而影响到爱国主义教育的效果。因此，在加强爱国主义教育过程中，为了更好地发挥思政课程的主阵地作用，非常有必要排除各种错误思潮对爱国主义教育的干扰。

（二）排除错误思潮干扰的重要表现

1. 排除历史虚无主义的错误干扰

一直以来，影响爱国主义教育效果的错误思潮颇多，首先便是历史虚无主义思潮的干扰。高校思政课对于引导大学生形成正确的爱国观，培育大学生的爱国情怀等，发挥着不可替代的作用。因此在爱国主义教育中，为了更好地发挥思政课程的主阵地作用，首先需要排除的是历史虚无主义的错误干扰。

历史汇聚了人类社会建立国家、建设美好社会的诸多宝贵经验，是人类社会无比珍贵的精神财富。学习历史，可以让学生对爱国主义有更切身的体会，例如，通过学习陶瓷、丝绸、四大文明、万里长城相关历史，学生会发自内心地为自己是一名中华儿女而感到骄傲，并为使祖国繁荣昌盛与这一代人共同努力。可见，历史是一面镜子，可以鉴古知今，学习历史，可以增强人们的民族凝聚力。可是，近年来却有一些历史虚无主义者，打着"学术研究"的旗号，提出对历史进行重新梳理、反思和解读，其本质却是在虚无历史，对历史的现象、事实和人物等进行刻意歪曲，其实质上则是在否定中国的革命历史。这些历史虚无主义的不良观点和言论，倘若进入学生的头脑并扎根，会影响高校学生的历史观乃至是非观。因此，在思政课堂上，思政教师要特别提醒学生们，注意排除历史虚无主义的错误干扰，教导同学们要认清历史虚无主义的唯心史观本质。为了更好地排除历史虚无主义的错误干扰，一方面，要教育学生旗帜鲜明地坚持马克思主义历史观，运用辩证唯物主义和历史唯物主义世界观、方法论，认真总结历史的经验以及教训，认清中国社会发展的历史趋势；另一方面，要在课堂教学过程中，加强国情世情教育，融入历史方面的知识，尤其是历史英雄的爱国事迹，从而激发学生们保家卫国的历史使命感和责任感。

2.排除民族分裂主义的错误干扰

弘扬爱国主义精神必须维护国家统一和民族团结。将国家、民族和爱国主义这三者紧密地联系在一起。可见，爱国主义自始至终都是将我国各个民族紧密团结在一起的强大精神力量，加强爱国主义教育，引导高校学生正确认识到我国的民族团结局面来之不易具有十分重要的现实意义。然而在现实中，却一直存在威胁着国家的统一和民族的团结的因素。因此加强爱国主义教育，十分有必要教育引导学生排除民族分裂主义的错误干扰。

民族分裂主义，即企图分裂民族、破坏各民族团结的一种错误思潮。它的本质是一些反动敌对分子故意制造一些事端，企图威胁国家安全和统一、破坏各民族团结的犯罪行为。第二次世界大战后，世界范围内出现了形式多样的民族分裂主义潮流和行为，而在我国境内，也出现了一些制造事端、尝试分裂民族的错误思潮。民族分裂活动带来的破坏是极其巨大的，它威胁到人民群众的生命健康权和财产权，严重破坏社会秩序，对祖国的安全和统一造成极大威胁。因此，我们有必要严厉打击破坏民族团结的民族分裂活动，坚决排除民族分裂主义这一错误思潮的错误干扰，以维护祖国安全和统一。对于高校而言，需要持续推进爱国主义教育，在思政课堂上，教育和引导学生提升辨识能力，识别民族分裂分子企图分裂祖国的险恶用心，从小事做起，采取实际爱国行动，为实现社会稳定、国家长治久安贡献自己的一份力量。

3.排除个人主义的错误干扰

随着我国社会经济的飞速发展，人们的生活水平不断提高，逐渐强调追求社会价值和自我价值的实现。在此背景下，高校学生不可避免地会受到个人主义的错误干扰，难以树立正确的思想价值观念。在思政课程中，想要增强爱国主义教育的效果，还需要教育引导高校学生排除个人主义思潮的错误干扰，引导学生将个人利益与集体利益、国家利益有机统一起来。

个人主义，是一种以个人为本位，强调个人利益、自我控制的社会思潮。极端的个人主义是一种危害极大的利己主义，它会对当下社会所倡导的主流意识形态产生较大冲击，进而混淆高校学生的思想价值体系，这不利于高校学生培养利他意识和集体意识，因此这种错误思潮必须引起警惕。对于高校而言，在加强爱国主义教育时，要教育引导学生排除极端个人主义思潮对正确思想价值观念形成的干扰。在思政课堂中，要教育学生始终坚持马克思主义群众观，让学生充分认识到个人与集体的辩证统一性，个人无法脱离集体而独自存在，要让学生真正明白，人民群众才是历史的创造者，走群众路线是历史发展的必然，进而培养大学生热爱祖国、热爱集体的情感，增强大学生的社会责任感。

第三节　课程思政的爱国主义教育功能

《新时代爱国主义教育实施纲要》强调，要将爱国主义精神贯穿到学校教育的全过程。学校教育既包括思政课程教育还包括课程思政教育，也包括其他教育形式。可见，加强新时代爱国主义教育知识的学习，离不开思政课程这一主阵地，课程思政以其鲜明的育人特征成为高校开展爱国主义教育的重要切入点，在高校爱国主义教育知识的学习过程中也发挥着重要作用。

一、课程思政的育人特征

对于高校思想政治教育工作而言，其根本任务即是育人，课程思政亦是如此。不同的是，在育人方面，课程思政有着其自身鲜明的特征，对这些育人特征的把握，能够帮助我们真正认识课程思政，以及在爱国主义教育中其所扮演的角色，从而在实践中更有效地运用好课程思政教育，增强爱国主义教育的效果。

（一）价值引领性

对于高校学生而言，大学阶段正是他们成长成才的关键时期，最需要悉心的培育、细心的引导。这一时期的价值判断和选择，在一定程度上决定了其未来整个人生的价值取向，因此，抓好这一时期的价值教育是非常重要的。

而课程思政正是以其价值引领性的育人特征在高校学生的爱国主义教育及其他价值观教育中发挥着重要作用。

具体而言，课程思政教育是要充分挖掘各门专业课程知识点中所蕴含的思政教育元素，并将这些元素融入各门专业课程的教学过程当中去，这里的元素并非单一的，而是多样化的，可以是相关理论知识，也可以是科学精神和科学素养等。然而，不管是从具体融入的内容还是宏观整体融入目标来看，课程思政都蕴含着一个重要育人特征，即价值引领性。一方面，从开展课程思政教育在各门专业课程中所要具体融入的内容来看，其具有较强的可操作性和比较容易实现的融合模式，即通过将科学精神、爱国、诚信等价值理念融入相关专业课程的教学过程当中，在各门专业课程的知识点中充分挖掘与之相契合的内容，并让两者之间实现高度融合，在内容上集中凸显了课程思政的价值引领性特征；另一方面，从宏观整体来看，开展课程思政教育，融入相关思政内容，其目的并不是在更大范围内向学生灌输思政教育的理论知识，而是要通过这种教育形式，更加全面地实现对高校学生的思想价值引领，从而为国家、为社会和为人民培养德才兼备之人。由此可见，即便各门专业课程的知识点内容有差异，从中深入挖掘的能够融入进去的思政教育元素有不同，但总体而言，课程思政对于高校学生进行价值引领的育人特征是相通的。

（二）潜隐性

有别于思政课程，课程思政有着一个最为鲜明的育人特征，即潜隐性，这也是立德树人的内在要求。潜隐从字面理解，即潜藏、隐藏，因此，课程思政的潜隐性即指将其作为一种隐形的、潜藏的思政教育形式，其强调的是在育人过程中要做到"润物无声"，寓教于潜移默化之中。习近平总书记曾强调，思政教育要"坚持显性教育和隐性教育相统一"①。这一强调目的就是要让爱国、诚信、敬业等价值理念不仅融入思政课程当中，还要融入各门

① 习近平总书记系列重要讲话读本 [M]. 北京：学习出版社，人民出版社，2016：192.

其他专业课程之中，贯穿教育的始终。从总体而言，其强调了思想政治教育工作所内含的"隐性"特征。这里的"隐性"是有参照的，是相对于思政课程的"显性"而言的。

课程思政的"潜隐性"育人特征，具体看来主要体现在以下几方面：一方面，课程思政的育人过程，尤其是改变人的思想价值观的过程，其本身就是一个循序渐进的"滴灌"的过程。在一个人的成长过程中，他的身体和大脑在逐渐发育。而最能够体现一个人的成熟，并非仅仅是外在的发育成熟，如骨骼、肌肉等，更是一个人大脑的成熟。"大脑"的成熟不仅仅是一个生物学意义上的人体机能的完善，还体现在他能够吸收多少知识，以及知识的掌握促进的思想的成熟。这个成熟的过程，一般而言都是合乎人的成长规律的，即对于大部分人而言，他们的自然成长都是由生理性成长带动心理性的成熟、年龄的积累带动思想的渐渐成熟、从外在环境的影响到个人内省的过程，因此可以看到，在人的思想上的成熟、"三观"的改变的教育过程中，靠拔苗助长是违背人的成长规律的。同理，不论是我们的课程思政教育，还是爱国主义教育的主阵地，即思政课程，都得遵循人的成长规律和人的认知发展规律。事实也证明，在一个人的成长成才过程中，往往特意"声势浩大"地进行说教，其育人效果反而无法与"循循善诱"地沟通交流的效果相比。而课程思政教育，则是一个具有针对性的"精准教育"，而不是漫无边际的"大水漫灌"。

另一方面，在育人的具体过程中，要充分体现思政教育规律，就要做到显性教育与隐性教育的有机结合。开展思政教育工作这一育人的过程本身就是一个育人思想进头脑的"说服"过程，想要在这一过程达到良好的育人效果，需要高度重视每个时期的思政教育。尤其是步入大学以后，高校学生经过多年的教育已经有了一定的思想价值理念和想法，想要在这个基础上更好地教育和说服他们，既需要思政课程这种在总体立场上与错误思想作斗争的显性课程，也需要课程思政这样的隐性教育相结合，巧妙地将专业课程知识、技能和思政教育元素有机结合，于细致入微的渗透中帮助高校学生塑造科学的思想价值体系，从而更好地达成思政教育目标。

（三）系统性

思想政治教育主客体关系是一个经典命题，无论是"单主体论""双主体论"还是"主体间性论"，都承认思想政治教育过程中不同主体角色的客观存在，这就要求思政课改革创新必须根据受众对象的特征变化作出适当调整，根据并顺应学生成长规律这一需求侧特征而进行的"供给侧结构性改革"[①]，也即课程思政的系统性。系统性是课程思政的又一鲜明育人特征。其"系统性"育人特征，具体看来，主要体现在以下几方面：

首先，《高等学校课程思政建设指导纲要》（以下简称《指导纲要》）明确指出，全面推进课程思政建设，是全面提高人才培养质量的重要任务。通过分析可以认为：第一，《指导纲要》旨在解决"为谁培养人"的根本问题。由此可见，推进课程思政的意义，从总体高度来看已经不是一般的教育教学改革层面的问题，而是已经上升到了"为党育人、为国育才"的战略高度，这也是思政育人所要实现的系统目标。因此，为了更好地实现这一系统育人目标，必须把课程思政建设置于时代的大背景、置于教育改革的大背景下来加以落实。第二，《指导纲要》倡导在课程思政的教学体系上，要加大精力投入，进行科学设计，要将体系设计的重心置于课程上，最终设计形成系统的课程体系，而非各门课程在进行思政教育时各行其是，忽略整体课程思政的大局。在文件中提出这一系统化的要求，目的就是让高校重视课程思政教学体系的设计，挖掘各门课程在育人方面的特色，协调好各门课程在育人方面的侧重点，进而避免有些思政教育内容重复讲授，而有些思政教育内容又没人讲的局面出现。第三，在各门课程的教学过程中，要将课程思政全方位地融入进去，这本身就是一项统筹协调、系统化的工作。在这一融入各门课程的过程中，有诸多工作要完成，例如，设计好课程体系、完善教学大纲、

---

① 包炜杰.新时代思想政治理论课改革创新推进一体化论析——以爱国主义教育为例[J].思想教育研究，2021（9）：141-144.

加强课堂教学的监督和管理等。从以上罗列的诸多工作来看，仅仅依靠一个学院、一个部门或者单个任课老师，是根本无法完成和实现的，必须由全校乃至不同学校相互研讨、协同设计和系统协调配合，多管齐下，共同推进课程思政建设。综上所述，我们会发现，课程思政建设的推进事实上是一项系统性的工程，也唯有以系统的观点来进行建设，才能防止在各门专业课中融入思政教育元素时出现"贴标签""两张皮"现象，影响课程思政建设的效果。

二、课程思政是开展爱国主义教育的重要切入点

爱国主义教育一直以来都是高校教育的重要组成部分。伴随着时代的进步和发展，也涌现了许多相关的新理念和新探索，并且效果十分显著。其中，以课程思政为重要切入点，加强爱国主义教育知识的学习就是众多实践探索之一。

（一）拓宽爱国主义教育的覆盖面

《新时代爱国主义教育实施纲要》明确指出，要充分发挥课堂教学在爱国主义教育中的主渠道作用，同时在普通高校要将爱国主义教育与哲学社会科学相关专业课程有机结合，加大爱国主义教育内容的比重。[①] 可见，在高校加强爱国主义教育学习，思政课程这一主阵地不可或缺，与此同时，课程思政也是重要切入点，在爱国主义教育中发挥着重要作用。在专业课程中融入更大比重的爱国主义教育内容，有利于进一步拓宽爱国主义教育的覆盖面。

加强爱国主义教育是每个时代永恒的课题。其中，加强对高校学生的爱国主义教育更是重中之重。这对于加深他们对祖国的认识、增强他们的爱国情感，进而激励他们以实际行动践行爱国具有十分重要的意义。因此，站在新时代潮头，有必要加强对大学生的爱国主义教育，并且还应当找准教育的切入点，从而拓宽教育的广度，加深教育的深度，增强爱国主义教育的效果。

---

① 中共中央 国务院印发《新时代爱国主义教育实施纲要》[EB/OL].（2019-11-12）.中国政府网，http://www.gov.cn/zhengce/2019-11/12/content_5451352.htm.

而课程思政就是增加爱国主义教育的广度和深度，拓宽爱国主义教育覆盖面的重要切入点。

一方面，在高校通过课堂开展爱国主义教育的载体有很多，不仅仅有思政课程，在各门专业课程中融入思政教育元素，推进课程思政建设亦是很好的载体。开展课程思政教育，在所有学科专业课中都融入与专业课程密切相关的国情、民情教育等爱国主义教育内容，使得大学生在思想政治课之外，继续在课堂教学中接受爱国主义教育知识的学习，既有利于增加爱国主义教育的教学广度，拓宽爱国主义教育的覆盖面，又有利于思政课堂接受的爱国主义教育与"第二课堂"接受的爱国主义教育进行同频共振，形成爱国主义教育的合力。另一方面，在各门专业课程中融入爱国主义教育，并非随心所欲的，需要深入分析各门专业课程的知识点，挖掘其中的爱国主义教育元素，并让它们实现完美结合，使得爱国主义教育能更有针对性地融入专业课程当中，引导学生进行深入思考，进一步挖掘爱国主义教育知识学习的深度，拓宽爱国主义教育的覆盖面。

（二）增强爱国主义教育内容的时代感

与时俱进优化新时代大学生爱国主义教育话语体系是适应时代新变化的应然需要，是化解大学生爱国知行转化困境的现实需要，也是推动大学生爱国主义教育向纵深发展的迫切需要。[①] 在不同时代，爱国主义具有不同的时代特色内涵。因此，对于高校而言，要提升学习爱国主义教育知识的效果，既要学习历史上的爱国主义是怎样的，还要与时俱进，与当下社会形势、社会背景相结合，体现时代性。然而在目前实践中，如火如荼地推进爱国主义教育，潜在的问题也逐渐显现，即当代大学生对于当前时事政治不够关注，对于时政热点的敏感度不高和与现实生活相脱节等。这些问题的存在，使得爱国主义教育知识的学习仅仅停留于表层，而无法被深入吸收并真正进入学

---

① 张娜，李晴．爱国主义教育在大中小学思想政治理论课一体化教学中的目标构建初探[J]．思想教育研究，2021（12）：122-127.

生的头脑，从而不利于大学生爱国情怀的深入培育。为改善这一局面，立足新时代，开展课程思政教育是很好的切入点。

习近平总书记强调："人才培养一定是育人和育才相统一的过程，而育人是本。"① 可见，人才的培养、育人的过程是一个多种因素相统一的过程，而课程思政建设始终坚持以习近平新时代中国特色社会主义思想为引领，让学生通过课程思政，了解国情、民情，这为完善爱国主义教育的内容指明了方向。具体而言，课程思政教育正是结合时代背景，紧跟时代步伐和社会前进脚步而推进的，始终遵循着思政育人的教育规律。因而在爱国主义教育过程中，课程思政能够立足新时代、借助新形势、坚持问题导向，紧跟学科前沿，结合各门专业课程的特色，将相关时事政治、时政热点等恰到好处地融入各门专业课程当中去，及时回应学生的所思所想及所求，增强爱国主义教育内容的时代感，从而提升爱国主义教育的实效性。

（三）提升爱国主义教育形式的生动性和新颖性

生动性、新颖性是新时代开展爱国主义教育的外在形式追求。当前，高校爱国主义教育面向的教育对象以"90后""00后"为主，他们成长于社会转型时期，对于事物发展的好奇心较重，喜欢接触新鲜事物，追求个性化表达的思想与行为，不喜欢受各种规范的束缚。因此，在现实当中有部分大学生对爱国主义教育知识的学习提不起学习兴趣，知识无法真正进入他们的内心。这种情形的出现一定程度上与开展爱国主义教育的形式有着很大的关联。立足新时代，对大学生进行爱国主义教育，对新技术的使用率并不够高，教育形式不够生动和新颖，则无法调动大学生学习的兴趣，进而难以引起他们爱国情感的共鸣。可见，加强高校爱国主义教育知识的学习，十分有必要因人而异，深入研究分析当代大学生的个性需求，并将爱国主义教育的共性与大学生的个性充分结合，采取多元化教育形式，激发高校学生积极主动学习爱国主义教育知识的兴趣，以增强高校爱国主义教育的实效性。因此，在

---

① 习近平. 在北京大学师生座谈会上的讲话 [N]. 人民日报，2018-05-03（02）.

教育形式方面，也需课程思政为爱国主义教育注入新活力。

课程思政为提升爱国主义教育形式的生动性和新颖性做出了很好的示范。"课程思政"绝不仅仅是在课程中简单地堆砌思政的内容，而是能够从理念到实践、从外部到内心，最终再绽放呈现的过程。它能够很好地寓教于乐，寓教于趣，致力于深入挖掘各门专业课程的思政元素及爱国主义的精神内涵，了解当代大学生所关注的内容重点，通过情境化、故事化等生动新颖、引人入胜、喜闻乐见的方式，将两者有机融合起来，让爱国主义教育"活"起来，进而拉近大学生与爱国主义的距离，推动爱国主义精神的创新传播，凝魂铸魄，提高广大高校学生的参与感与自豪感。此外，"课程思政"还能够很好地兼顾爱国主义教育的共性与大学生的个性，实现最大限度的因课制宜、因材施教，形式更加生动灵活，进一步增强爱国主义教育的效果。

三、课程思政是"三全育人"的重要方面

"三全育人"是中共中央、国务院在加强改进高校思想政治工作背景下提出的。① 所谓"三全育人"，指的是"全员、全程、全方位育人"，即全体教师都应当肩负思想价值引领的育人责任，将思政教育贯穿学生在校所接受教育的全程，以及善于从多个维度出发帮助学生树立正确的思想价值观念。《指导纲要》明确指出，推进课程思政建设，要紧紧抓住教师队伍、课程建设和课堂教学，使各类课程与思政课程同向同行，形成协同效应，构建全员全程全方位的育人大格局。可见，课程思政建设与三全育人有着紧密的联系，是实现"三全育人"的重要方面。

（一）课程思政与"三全育人"在理念与目标上同向同行

《指导纲要》明确指出，要全面推进课程建设，落实立德树人的根本任务，要寓思想价值观引导于知识传授和能力培养中，全面提高人才培养的质

---

① 中共中央 国务院印发《关于加强和改进新形势下高校思想政治工作的意见》[EB/OL].（2017–02–27）. 中国政府网，http://www.gov.cn/xinwen/2017–02/27/content_5182502.htm.

量。而《关于加强和改进新形势下高校思想政治工作的意见》也强调，要坚持"三全育人"，将思想价值引领贯穿教育教学全过程和各环节。总体而言，我们会发现课程思政建设与"三全育人"在理念与目标上是同向同行的。具体而言，首先，从内涵上来看，"三全育人"的"全"意味着全部、全面，强调动员起全部的力量和资源，按照预定的轨道运行，进而发挥最大的作用。而且其还列举了具体的十大育人机制，而这些育人机制之间协同配合，进而实现整体育人目标是其实质内涵。对于课程思政建设而言，形成协同效应，进而构建三全育人大格局是其应有之义。由此可见，课程思政与"三全育人"在内涵理念方面是同向同行的。其次，从目标指向来看，课程思政建设强调以立德树人为根本目标，这和"三全育人"的立德树人目标是相契合的。最后，从本质而言，课程思政与"三全育人"是同向同行的，都强调充分发挥育人合力，共同致力于构建价值塑造、知识传授和能力培养于一体的育人体系。综上，我们会发现，课程思政与"三全育人"在诸多方面是同向同行的，两者在立德树人、培育时代新人方面可以相辅相成、相互促进。

（二）课程思政是"三全育人"的重要举措

从宏观上看，"三全育人"把握着总体育人方向。而高校课程思政建设则是按照"所有课程具有育人功能，所有教师负有育人职责"的要求全面建设的，旨在通过具体措施，构建全面覆盖、类型丰富的课程思政体系。由此可见，立足新形势开展课程思政建设是实现三全育人的客观需要与重要举措。

首先，课程思政注重增强全体教师的育人意识，提升教师的育人能力，实现全员育人。应当充分认识到，办好思想政治理论课，关键在发挥教师的积极主动性。因此，在推进课程思政建设过程中，全国高校都十分注重教育者的作用，一方面，注重增强全体教职工的育人意识，让他们意识到为党育人、为国育才的重要意义，因而积极主动，自觉承担起思政育人的重任；另一方面，注重提升全体教职工的育人能力，通过集体培训、示范引领等方式加深教师对思政相关理论的理解，进而灵活运用，培养教师在教学中实现春风化雨、润物无声的能力。通过这两方面的共同作用更好地营造教师人人讲育人的良好教育氛围，进而更好地实现全员育人。其次，课程思政建设注重将课程思政融入课堂教学建设的全过程。具体而言，通过创新课堂教学模式，将课堂思政融入教学全过程，综合运用好第一、第二课堂，组织开展思政系列大讲堂，深入开展思政系列实践活动等，不断探索课程思政融入教学的方法和途径，从而更好地营造出课程门门有思政的良好氛围，进而更好地实现全过程育人。最后，课程思政建设注重全方位推进，实现全方位育人。《指导纲要》明确指出，课程思政建设注重高校各部门之间联动配合，创新多种教学模式的开展来推进建设工作，此外还倡导通过建立健全相关评价和激励机制来推进建设。与此可见，课程思政建设十分注重全方位、多维度地改进与完善育人教育，从而不断增强思政教育的价值引领性和持续吸引力，进而更好地实现全方位育人。

四、课程思政是实现爱国主义教育和知识体系教育有机统一的重要渠道

呈前述，课程思政是"三全育人"的重要方面，它有着价值引领性、潜隐性和系统性等育人特征，因而成为开展爱国主义教育的重要切入点，在爱国主义教育中发挥着重要作用，能够很好地实现爱国主义教育和知识体系教育的有机统一。

（一）爱国主义教育和知识体系教育的有机统一

爱国主义教育和知识体系教育作为高校教育的重要组成部分，是有机统一的。具体而言，一方面，爱国主义是指在知祖国、爱祖国的基础上，立报国之志、践报国之行。[1]可见，爱国是在充分认识祖国基础之上的一种情感流露，这种情感激励着我们，要不懈努力进一步学好报国的本领和才能，以

---

① 卢建疆. 知、情、意、行的统———浅谈爱国主义教育 [J]. 中国教育研究论丛，2016（0）：316–317.

更好地践行爱国主义。《纲要》中列举了诸多需要学习的爱国主义教育知识，例如党史、新中国史、改革开放史、社会主义发展史、形势与政策等，爱国主义教育的关键就是要通过多种有效教育途径教授这些知识，让学生通过这种教育方式，博古通今，进而展望祖国更加美好的未来。然而我们会发现，其中教授的大部分爱国主义教育知识其实都包括在知识体系教育内。另一方面，知识体系教育作为高校教育的重要组成部分，高度融合了科学精神与人文精神，是加强爱国主义教育的重要载体。在进行知识体系教育时，其实也是在进行爱国主义教育，因为知识体系教育中蕴含着丰富多彩的爱国主义教育元素，例如中国革命历经哪几个阶段、中国精神有哪些等。高校进行知识体系的系统教育，有利于他们了解爱国主义是什么，以及社会主义核心价值观在推动社会发展中的作用，从而增强他们的人文素养，培育他们的爱国情怀。

综合上述两个方面，我们会发现，爱国主义教育知识其实大多包含在知识体系教育内，而在知识体系教育中则蕴含着丰富多彩的爱国主义教育元素，爱国主义教育和知识体系教育这两者之间总体而言是有机统一的。

（二）课程思政融入爱国主义教育和知识体系教育的必要性

对于高校思政教育，很多人有这样一种认识偏差，即认为思想政治教育仅仅是思想政治课的教育目标，是专属专职思政教师的任务。然而，事实上无论是在爱国主义教育中，还是在知识体系教育中，思想政治教育都发挥着不可或缺的作用，这需要高校及时做出改变，统筹一种全员全过程全方位的力量来支撑思政教学。在此情形下课程思政应运而生。

事实证明，课程思政融入爱国主义教育和知识体系教育确有其必要性。一方面，课程思政融入爱国主义教育和知识体系教育是培养有责任、有担当、有能力的时代新人的内在需要。在这一融入过程中，教师是关键。在课程思政建设中，广大思政教师会引导学生扣好人生第一粒扣子，担当起学生健康成长引路人的责任，教育他们要做到政治强，坚守政治信仰。同时，在课程思政建设中，广大思政教师还会深度挖掘新时代伟大实践中的育人"富矿"，从百年党史中汲取为党育人、为国育才的丰厚滋养，致力于培养有责任、有担当、有能力的时代新人。另一方面，课程思政融入爱国主义教育和知识体系教育，与课程思政的目标相契合。《指导纲要》明确指出，要紧紧围绕国家与区域发展的需求，统筹做好各学科专业、各类课程的课程思政建设，旨在实现价值引领与知识传授的有机统一。可见，在爱国主义教育和知识体系教育中融入课程思政，达成爱国主义情感培育和知识传授的互促互进，这与课程思政的目标是相契合的。

（三）课程思政实现爱国主义教育和知识体系教育有机统一的重要途径

1. 发挥人文通识类课程优势，培育爱国主义情感

人文通识课是我国国民教育中的重要内容，目的是培养受教育者在掌握相应的专业知识的同时，学习、了解每个国民所不可缺少的知识、情操和修养，使其成为合格乃至优秀的人才。我们知道，爱国主义的基本内涵之一是爱祖国的灿烂文化，倡导在认真学习和真正了解祖国历史的基础上，增强对中华文化的认同感和使命感，从而增强积极推动祖国优良历史文化的传承与发展，这实际上与人文通识类课程的教学目标是不谋而合的。因此，实现爱国主义教育和知识体系教育的有机统一，有必要充分挖掘人文通识类课程的特色和优势，并在课程思政建设过程中充分运用好这些优势，增强学生的爱国主义情感。目前各专业的通识类课程数量很多，然而其仅仅停留在为专业教育服务的基础上，其中蕴含诸多爱国主义教育元素，但是尚待深入挖掘，从而更好地发挥其课程优势，培育学生的爱国主义情感。以医学类专业为例，根据高校培养医学生所要达成的教学目标，医学院会协同相关学院面向不同年级的医学生开设医学伦理学、医学史等等通识课程，只有通过深入挖掘其中的爱国主义元素，并且恰当地融入通识课程当中去，才能更好地培养医学生的医学伦理、职业素养和爱国情怀。为了更好地挖掘人文通识类课程在培养爱国主义情感方面的优势，在课程思政教育中，需要充分发挥专业通识课教师的积极主动性，主动转变通识课程的教学视角，将人文通识类知识转变为家国文化相关的知识，于点滴的家国文化启迪中，增强学生对国家和民族的认同感，培养学生的爱国情感。

2. 推进专业教育课与国家发展相结合，增强使命感与责任感

专业教育课作为高校人才培养体系的重要组成部分，对于培养学生专业判断力、增强专业技能、促进职业终身发展具有重要意义。我们知道，爱国主义的基本内涵之一是爱自己的国家，我们每个人的发展同国家的发展进步始终是紧密相连的，可见，爱自己的国家，努力增强自我本领和为国家的繁荣发展贡献自己的一份力量，是专业人才的使命和担当，亦是其践行爱国主义的重要体现。因此，实现爱国主义教育和知识体系教育的有机统一，有必要在课程思政建设中推进专业教育课与国家发展相结合，从而增强学生使命感与责任感。一直以来，我们都倡导"工匠精神""劳模精神"，这不应当仅仅停留于我们思想政治理论中，还应当深深扎根于我们的专业课程中，将自己所学专业课程与国家发展相结合，并朝之努力奋进。因此，在课程思政教育中，我们要深入推进专业教育课与国家发展相结合。例如，机械制造工艺学教育课讲解中，机械加工工艺规程设计这一章里的机械加工工艺路线的制订，在论述机械加工方法的选择时，述及人类能达到的加工精度越来越高，特种加工和精密加工领域我国一直落后于人，但是我们不甘落后，正在各个方面赶超。通过与国家的发展相结合，深入剖析我国加工领域产生差距的深层次原因，旨在激发学生奋发图强的意志品格，培养学生以爱国主义为核心的民族精神。由此可见，在课程思政教育中我们不仅要掌握好专业技能，更要传承好工匠精神，将自己所学专业融入国家发展的大势中，跟上国家的发展进程，磨炼自身精益求精、追求卓越的精神，使自己的发展与国家、社会发展紧密结合，增强自我使命感与责任感，从而以实际行动践行报国之志。

第四章 新时代爱国主义教育文化育人协同机制

新时代爱国主义教育文化育人是一项系统工程，需要多方合力，协调推进。建设新时代爱国主义文化育人协同机制，首先需明确协同育人的基本思路，需恪守在爱国主义教育中凸显爱国价值的信仰取向，在爱国素养价值培育中，必须要以爱国价值素养作为道德基石，强调爱国主义理性表达和爱国主义素质养成，以实现爱国、爱党、爱社会主义在新时代爱国主义教育中统一。其次，爱国主义教育需要挖掘和运用校园文化的教育功能，重视思想政治教育主阵地作用，同时做到理论联系实际，指导学生把在校园中学习到的理论知识及时与实践相结合，达成从理论到行动的高质量的转化，实现知行合一的目的。第三，在爱国主义教育文化育人过程中，需要深入挖掘重大节日的爱国主义文化资源，完善重大节日庆典仪式活动配套服务，以发挥节日仪式的爱国主义教育功能。最后，在实施爱国主义文化育人协同机制中，我们也需要整合如新媒体宣传等社会资源及历史文化遗迹、革命遗址等自然资源的作用，实现爱国主义教育文化育人协同机制的最大功效。

第一节 爱国主义教育中文化育人协同机制的基本思路

作为民族精神的核心要义，爱国主义在中华儿女中代代相传，是我们极为珍贵的精神财富。在新的历史节点，国家教育的首要任务在于培养一批合格的社会主义建设者和接班人来实现民族复兴的伟大中国梦。因此，必须把爱国主义教育列入高校思想政治教育的重点环节。在爱国主义教育中践行文化育人路径，根本在于对受教育者爱国价值观的塑造和爱国素养的培育。爱国主义教育作为一个各环节相互联系与作用的系统工程，必须多方发力、协调推进，将校内外资源进行有效整合与配置，以高校协同育人机制推动爱国主义教育合力，从而保障教学活动的实施效果，用源源不断的精神之泉助力中华民族伟大复兴中国梦的实现。

一、新时代爱国主义教育应当凸显爱国价值的信仰取向

在滚滚历史长河中，中华民族能够征服重重困难，历经百般考验，如野火难尽之草，始终生生不息、薪火相传，正是源自根植于中华民族传统中的长久深远的爱国主义情怀。当前，中国特色社会主义迈入了一个全新的时期，这一时代方位昭示着中华民族的历史底蕴与精神品格，彰显出国家发展的时代新路与璀璨成果。爱国主义教育必须跟随时代潮流，稳稳把握时代的"接力棒"，紧紧跟随时代的发展浪潮，才能持续为社会主义现代化建设的宏伟蓝图与中华民族伟大复兴的中国梦添砖加瓦。[1]古往今来，家国一体的民族信仰鼓舞了文天祥、屈原、李大钊等无数仁人志士为国家命运奔走呼号，上下求索救亡图存的道路，在内忧外患的黑暗中寻找民族独立、国家振兴的曙光。新时代爱国主义教育亦应当注重激发人们对于祖国的深厚感情，继续传承爱国主义的崇高精神和伟大信仰。爱国价值信仰取向的塑造促使爱国价值观在近现代发挥出了前所未有的号召力、凝聚力和整合力。全社会在中国共产党的领导下万众一心，在爱国旗帜的指挥下凝心聚气，共同为捍卫民族尊严、争取国家繁荣富强而矢志奋斗。

青年大学生作为建设社会主义现代化强国的中坚力量，应当义不容辞地担负起实现民族伟大复兴的历史使命。为此要将爱国主义的内涵渗透到教育体系中去，形成普遍的爱国价值观，并最终形成爱国信仰，将其外化表达于知国之明、爱国之情、强国之志、报国之行中。[2]新时代爱国主义教育要自觉凸显爱国价值的信仰取向，首先要在学校这一先锋主导阵地，优化青少年

---

① 刘新华，王肖东，张秋辉.爱国主义教育的新时代逻辑[J].河南科技学院学报，2021，41（8）：7-11.

② 刘建军.中国语境下爱国主义的信仰意蕴[J].思想理论教育，2020（4）：11-16.

爱国主义教育体系，包括内容与形式、原则与机制。第一，在开展教育活动过程中，要注重通过各种渠道将优秀传统华夏文化、红色革命文化、社会主义文化等先进文化资源挖掘并呈现出来，以不断丰富和深化爱国价值的信仰内涵，逐渐形成爱国价值观时代化的语言表达体系。第二，以协同育人的理念作为指导，要将协同育人的教育教学理念内化于高校组织体系建设中，要强化各部门之间资源和信息的互通有无，有效整合、配置高校内部的各种教育资源，以教育合力推动文化育人的实现。第三，鼓励教师积极学习并运用互联网时代的新型教学方式，将传统教学优势与新媒体技术的便捷多样性融会贯通于教学过程中，通过图文并茂的教学形式提升课堂魅力，扩大线下线上的学习流量，增强教育的趣味与广度。开展高校爱国主义教育协同育人机制建设研究能够为新时代大学生的塑造提供科学先进的价值观引导，在思想上武装广大青年头脑，为其注入强大的精神力量，帮助其树立科学的辩证思维，塑造正确的世界观、人生观和价值观，从而更好地将社会提供的有利于个人自身发展的良好因素充分调动起来，积极追求个人价值的实现，最终投身于中华民族伟大的复兴之道。①

家庭教育的基础作用、社会教育的依托作用也应当协同推进，从而全方位夯实爱国主义教育。家庭教育注重耳濡目染的教化，需在家长对自身政治观点的理性表达、对孩子错误爱国意识的及时纠正、对家国同一思想的正确引导中实现，把"小我"梦想与中国梦紧紧联系起来，不断加强家风建设，熏陶家国情怀。社会教育讲求引导和监管。一方面大力宣传国家功勋模范人物和先进榜样人物的优秀事迹，以此开展思想政治工作，推动形成"榜样"效应，营造全社会共同实施爱国主义教育的良好氛围。另一方面要利用好网络媒介这一载体，通过发挥互联网传媒响应及时、覆盖面广、渗透性强等优势，将主流媒体的价值导向作用释放出来，捕捉时事热点，用生活化素材制

---

① 汪金英，黄海龙.高校爱国主义教育协同育人机制建设研究[J].长春工程学院学报（社会科学版），2021，22（2）：18-21.

作宣扬爱国主义的短视频等；同时不断巩固爱国价值的主旋律和重头戏地位，在传播过程中注重科学生成和常态监管，让爱国主义在网络空间广泛弘扬、深度植入。要贯彻落实学校和家庭、社会三方协同的教育思路，搭建起常态化的沟通与协作平台，要充分将蕴藏在校园、家庭、社区、企业等领域的丰富多元的教育资源和师资力量开掘出来，进行优化配置和高效利用，逐步形成新时代爱国主义的信仰培育机制。

二、新时代爱国主义教育应当注重培育爱国价值素养

青年大学生立志、成长、报国，必须要以爱国价值素养作为道德基石，才能保证大学生形成健全的人格，成就自我价值，迈向光明未来。将爱国主义作为主线贯穿于社会主义核心价值观的培育，能帮助广大青年筑牢立足社会主义社会的道德观念，塑造个人正确的爱国观、敬业观、诚信观、友善观。2014 年 10 月 5 日，习近平总书记在文艺工作座谈会上指出："在社会主义核心价值观中，最深层、最根本、最永恒的是爱国主义。"[①] 爱国应当是每个中国公民最基本的道德素质。大学生要捍卫理想抱负，超越个人价值，首先就要有爱国心、立报国志，自觉地将个人理想抱负与国家前途命运紧密地联系在一起，并将这种志向投入个人学习、工作、生活的奋斗之行中，把服务国家、服务社会、服务人民作为人生的最高追求。

培育爱国价值素养的内涵主要有两个方面的要求：一是爱国主义理性的表达，二是爱国主义素质的养成。一方面，要构建爱国主义的理性表达机制，需在社会范围内厚植"依法爱国""文明爱国"等观念，把形成理性爱国的社会氛围作为基础工程，营造氛围让理性爱国成为学生群体广泛而自觉的选择，将初阶的"爱国"概念上升到"理性爱国"的高度，进而驱动行为模式的转变。在这个问题上，应当顺应整体观念，通过校园文化合作整合各种教育资源，使学生在文化熏陶中逐渐形成价值认同。总体思路上，一要夯实理

---

① 习近平在文艺工作座谈会上的讲话 [EB/OL]．（2015–10–15）．人民网，http://jhsjk.people.cn/article/27699249.

论基础，要以马克思主义基本原理、习近平新时代中国特色社会主义思想等科学理论作为爱国活动的指导思想，在实践中深化对中国特色社会主义道路的先进性的理解。二要重抓时事政治教育，在各项考察机制中，培养大学生热心时事、关注国事的良好习惯，提高大学生分析时政、认识社会的能力。三要加强法律教育和法治宣传，保证大学生爱国行为的合法性，避免负面效果的产生。

另一方面是爱国主义素质，这一概念包括有关爱国的价值取向、价值判断与选择、价值创造、价值评价等一系列要素，受教育者不论是个体还是群体所从事的爱国活动，均是基于上述因素而驱动的。[①] 培养成熟的爱国主义素质，首先要使他们通晓国家发展的悠长历史。近代以来中华民族从内忧外患走向民族独立，从风云动荡迈向国泰民安，如今从全面小康奔向民族复兴。要让大学生深刻认识到中华民族多难兴邦的背后，走过多少的峥嵘岁月。要在广大学生群体中，振奋民族魄力、壮强民族志气、锤炼民族精魂，并推动大学生将爱国情怀、民族信仰落实为掷地有声的爱国行动。其次要重视他们的国家观塑造这一关键环节。中国共产党人浴血前行，于水深火热中使新中国屹立在世界之林的伟大革命史，要让大学生在教学活动中由表及里深度感知；新中国成立后，为实现国富民强而不断摸索前行，在建设社会主义社会的目标指引下探寻适合国情的道路，这样伟大的社会主义建设史催人奋发；今天祖国繁荣昌盛，从富起来到强起来，迈向全力实现中华民族伟大复兴的新征程，正在谱写新时代的伟大奋进史。梳理这些历史脉络，深感国之今日来之不易，正是爱国主义素养涵育出代代杰出英才，在历史上挥斥浓墨，才有了今天的康庄大国。因而新时代唯有强化大学生爱国主义素质的培养，坚定拥护党的领导、坚持走社会主义道路的信念，才能激励青少年为国家发展的伟大事业献身，为建设社会主义现代化强国奋斗。

---

① 郑康，郑月波．社会主义核心价值观视域下大学生核心价值素养的培育路径研究 [J]. 高教学刊，2020（32）：157-160.

三、新时代爱国主义教育应当注重爱国和爱党、爱社会主义的统一

国家、党、社会主义已经在历史和现实中日渐融为一体，三者在价值取向上协调一致，新时代爱国主义的内涵便通过热爱党和祖国，热爱社会主义来刻画。国与党、社会主义的前途命运始终是唇齿相依的，近代以来中华民族涅槃重生的历史正是最好的说明。在探索新中国道路这一问题上，有数次尝试也有数次失败，最终是中国共产党救国民于危难之中，前赴后继，攻克艰险，矢志奋斗，捍卫了一个民族独立的尊严。随着人民当家作主的新中国屹立东方，共产党人不愿止步于此，为了改变积贫积弱的局面，迈出了大而有力的社会主义改造的步伐，于是才有了经济兴旺、文化璀璨、民族繁荣的世界大国，才有了日趋光明的民族复兴的伟大前景。党、国家和社会主义在中国的崛起之史中相伴相生，擦出了历史长河里的璀璨星火，在社会主义现代化建设的新时期，三者联系愈加紧密。在我国的发展进程中，党、国家、社会主义的前途命运是绝不可割裂而论的——我们始终坚持以实现民族富强、民生安康为国家的发展目标，这一理想恰好是爱国主义在新时期的本质性表达，并在中国共产党领导的建设中国特色社会主义事业中得到集中体现。爱国主义追求的民族富强和民生安康无法逾越中国特色社会主义道路而成就；社会主义事业的发展同样离不开爱国主义的精神支撑。肩负民族复兴的历史使命，唯有坚持爱国和爱党、爱社会主义三条路径齐头并进，我们才能以无坚不摧的制度力量、一往无前的魄力底气，始终沿着正确的方向昂扬奋进。

爱国、爱党与爱社会主义齐头并进要作为贯彻爱国主义教育始终的基本遵照。在中国共产党的领导下，坚持和发展新时代中国特色社会主义，方能推进爱国主义的伟大实践。第一，中国共产党是爱国主义精神最忠诚的倡导者和践行者。从站起来、富起来到强起来，更迭的时代长廊里映射着中国的发展，从"赶上时代"到"引领时代"，伟大跨越凝聚着中国的力量。新中

国成立以来，国家的发展和社会主义的发展有目共睹，党的坚强领导和人民群众的勤劳与智慧成就了伟大事业。第二，爱国主义与社会主义在当代中国具有本质的一致性，离开了国家制度的爱国主义是抽象的，我们如今更是走出了一条具有强大生命力和创造力的中国特色社会主义道路。中国特色社会主义是科学理论与社会历史的辩证统一，是扎根祖国土壤、代表人民愿景、顺应时代发展进步要求的科学社会主义。中国特色社会主义坚持将根本制度、基本制度同各项重要制度作为着力点，党的领导、人民当家作主、依法治国有机结合并贯彻其中，符合我国基本国情，顺应时代发展潮流，维护民众根本利益，是中国发展进步的定海神针。第三，立足于爱国和爱党、爱社会主义高度统一，统筹推进中华民族伟大复兴的战略部署。中华人民共和国的成立是我们走向复兴的基础，改革开放以来的伟大飞跃，揭开了谱写民族复兴的新篇章的序幕。爱国主义教育要深刻理解爱国、爱党和爱社会主义的不可分割性，增强对伟大祖国、中国共产党、中华文化的认同感与归属感，爱国主义才是鲜活的、真实的。

新时代爱国、爱党和爱社会主义三者命运与共，要将其高度统一于爱国主义教育体系，需要强化三者的文化自觉，立足国情勇于实践，放眼世界博采众长。第一，从优秀中华文化中汲取养分，树立高度的文化自觉和文化自信。对中华民族深厚历史底蕴的理解和传承，既是中国人民爱国情感培养和生长的一片沃土，也是坚持三者高度统一的坚实根基。自成立之日起，中国共产党肩负历史重任，弘扬和传承中华传统文化，在新时代坚持爱国和爱党、爱社会主义的高度统一，要重点凸显优秀传统文化的底蕴，推陈出新使其焕发出时代光彩，共筑美丽中国梦。第二，立足基本国情，踊跃践行爱国统一战线。新时代爱国主义教育活动的源泉，是中国特色社会主义的生动实践；爱国和爱党、爱社会主义有机地融合，是中国特色社会主义的思想力量。通过复盘改革开放以来的道路尝试与经验教训可知，马克思主义基本原理同中国实际相结合的战略，发挥出了中国特色社会主义伟大实践的优势，彰显了中国特色社会主义道路的适应性和优越性。今天我们可以看到一个个中国奇迹震撼世界，这些成就滋养了家国情怀、激励着爱国志士、成了爱国主义教育活动的范例。第三，海纳百川，取精去粗。国人不但要有朴素的爱国观念，更要以开放包容的心态，以全球化大环境孕育出的国际视野和国际胸怀来鉴别和吸纳他国优秀文明。我们既要脚踏祖国的沃土，又要放眼世界的璀璨，既要弘扬爱国主义主旋律，又要奏起博采众长的交响乐，把握好民族文化自尊自信和世界民族共鸣共同之间的关系，在全球化不可逆转的时代背景下，我们要勇于去除爱国情感中狭隘与非理性的因素，提升爱国主义的格局和层次。我们要尊重各国历史特点、文化传统的差异，以理性的目光穿梭于不同文明间，寻求不同智慧，汲取有益之长，充分展现出促进全球优秀文明互通互鉴的大国担当，拓宽人类文明视野，共同推动人类文明发展进步。

第二节　挖掘和运用校园文化爱国主义教育功能

校园是青少年价值观形成和自我发展与进步的重要场所，校园文化对学生群体的影响是潜移默化的。将爱国主义精神融入校园文化的内涵有助于强化学生群体的民族认同感，增强其爱国主义热情。思政课是最主要的爱国主义校园教育形式，为了营造更新颖、更高效的爱国主义思政课堂，打破学生对传统思政课的刻板印象，增强学生及思政教师对思政课的认同度，应打造更加"立体化"的思政课。同时需要学校、社会、家庭等多方主体共同发力，最终形成爱国主义育人合力，为学生塑造爱国主义价值观营造良好的环境。坚持以课堂教学形式为主要渠道，强化理论结合实践，使学生在掌握理论知识的同时能够及时参与社会实践以加深对理论的认可和理解。注重发挥爱国主义教育基地的重要作用与内涵价值，通过对"有形"爱国主义教育基地的重视与宣传，感悟其中所蕴含的"无形"精神财富，实现无形和有形相衔接，激发学生的爱国主义情怀。

一、重视爱国主义思政课教育，增强爱国主义育人合力

中华民族历来具有强烈的爱国主义热情，中国共产党已成立 101 周年，

在党的领导下，中国人民艰苦奋斗、万众一心，始终为着实现民族独立、国家繁荣富强、人民安居乐业，最终实现中华民族的伟大复兴而不懈努力。在我们国家快速发展的这一百年里，每一位爱国志士都全心全意奉献出自己的光和热，用自己的所思、所言、所行表现出了自己对祖国的深厚感情，这就是深深的爱国主义精神。爱国主义精神是增强民族凝聚力的重要精神力量，是一个民族兴旺发达的根本保障。爱国主义的核心思想是每一个青年必须牢记在心的价值观和意识形态。目前世界正处于信息化的时代，信息爆炸是一把双刃剑，来自不同渠道的信息良莠不齐，例如民族虚无主义、历史虚无主义、红色文化庸俗论、爱国主义过时论、泛娱乐主义等思想不良思潮在网络上随意传播。

大学阶段是大学生三观最终塑造的关键时期，而这个阶段也是大学生最容易受到不良信息蛊惑的时期。所以，塑造青年学子努力提升自我、热爱国家和民族的正确三观不仅是高校教育的重要课程之一，也是必须要取得成效的关键教育内容。思政课作为高校实施爱国教育的重要阵地，因其发展历史较长、形式易于创新，是最容易达成的爱国主义教育形式，所以高校师生要重视爱国主义思政课堂建设，营造良好的爱国主义思政课堂氛围。

党的十八大以来，国家高度重视各级各类学校的思政课建设，不仅对大学有明确的指示，对中小学也提出了配合形成立体化思政课建设的要求。"思政课建设只能加强、不能削弱"[1]彰显了党中央对思政课的重视及党和国家对办好思政课的坚定决心。习近平总书记对于思政课的发展曾做出重要指示："我们党立志于中华民族千秋伟业，必须培养一代又一代拥护中国共产党领导和我国社会主义制度、立志为中国特色社会主义事业奋斗终身的有用人才……办好思政课，最根本的是要全面贯彻党的教育方针，解决好培养什

---

① 中共中央办公厅国务院办公厅印发《关于深化新时代学校思想政治理论课改革创新的若干意见》[EB/OL].（2019-08-14）.中国政府网，http://www.gov.cn/gongbao/content/2019/content_5425326.htm.

么人、怎样培养人、为谁培养人这个根本问题。"① 若想发挥社会主义制度的优越性，实现中华民族的伟大复兴，就需要一代又一代爱国人士的不懈奋斗，青年是国家发展的希望和未来，因此对莘莘学子爱国主义情怀的培养就显得尤为重要。"思政课是落实立德树人根本任务的关键课程，思政课作用不可替代……在大中小学循序渐进、螺旋上升地开设思政课非常必要，是培养一代又一代社会主义建设者和接班人的重要保障。"②

培养社会主义建设者和接班人，首先要做的就是从意识形态上塑造人，要培养青年学生的爱国主义情怀，使之深深扎根于每一个青年学子心中，志愿用自己的光和热奉献祖国，回报社会。"对新时代中国青年来说，热爱祖国是立身之本、成才之基。"③世界发展日新月异，社会主义建设进入新时代，大学生作为青年一代的新生主力军，更要将爱国主义教育摆在突出位置，重视爱国主义教育的课堂建设，让爱国主义情怀从孩提时代就耳濡目染地成为每个中国人铭刻于心的情感，随着不断的成长而日渐深化。一个人的人生观和价值观一旦形成就很难更改，帮助青年学生树立正确三观，让爱国主义的种子在心灵深处生根发芽，是社会主义办教育的本质要求和重中之重。而作为爱国主义教育的主阵地，思政课阐述了国家意志和社会主义核心价值观，有利于正确引导新时代大学生的思想意识，培育爱国主义情怀。大学生只有将爱国主义精神内化于心，才能将爱国主义情感落实到行动上，并能够识别及抵御西方反华思想，从而团结一致，维护祖国的安定繁荣。

习近平总书记对于思政课的工作布局做出指示："要建立党委统一领导、

---

① 习近平.思政课是落实立德树人根本任务的关键课程[EB/OL].（2020-08-31）.求是网，http://www.qstheory.cn/dukan/qs/2020-08/31/c_1126430247.htm.

② 习近平.思政课是落实立德树人根本任务的关键课程[EB/OL].（2020-08-31）.求是网，http://www.qstheory.cn/dukan/qs/2020-08/31/c_1126430247.htm.

③ 习近平.在纪念五四运动100周年大会上的讲话[EB/OL].（2019-04-30）.新华网，http://www.xinhuanet.com/politics/leaders/2019-04/30/c_1124440193.htm.

党政齐抓共管、有关部门各负其责、全社会协同配合的工作格局。"①这表明办好思政课不是某一个主体的责任，思想政治工作的主体不仅仅是思政教师，还包括专业教师、党政干部、后勤保障人员等。家庭教育在学生成长中也发挥着不可替代的重要作用，父母是孩子的第一任老师，在学生的成长过程中充当着引路人的角色，家长要提高思政教育的参与度，配合学校做好学生思想政治工作。重视社会资源的利用，鼓励校外教育基地开发特色课程，推进实践活动课程化。拓宽全员育人渠道，最终形成各方主体协同育人的强大合力。就学生个人层面而言，爱国教育也要体现在每个学生的具体行动中，首先要从思想上高度重视，然后在行动上具体落实，从而充分体现学生的爱国情感，最终使得教育合力的构建形成一个闭环并取得良好的效果。

二、坚持课堂教学为主渠道，实现理论与实践相结合

学校不仅仅是一个传授科学文化知识的场所，更是一个肩负着精神塑造使命的殿堂，爱国主义教育的方法和途径尽管很多，但是学生们在课堂上学习的时间最长，教师与学生面对面交流思想，获得知识的时间也最多。因此课堂教学是各种教育形式中发挥作用最稳定，取得成效最便捷的方式，爱国主义教育在社会主义教育中是重中之重，对爱国主义精神的培养最好以思政课堂为最直接和广泛的载体，发挥课堂教学在各级各类学校爱国教育中的主渠道作用。

爱国主义教育有着阶段性、递进性、针对性、层次性和实践性的规律，这也恰是课堂教学的特点，因此抓好课堂教学这个爱国主义教育的主渠道，尽可能使真正的爱国主义教育稳中求进，不断深化。而要发挥好课堂教学主渠道作用，就要积极创新爱国主义教育课堂的形式，把握当前国际国内发展趋势，根据思政课教学特点，按照课堂教学实践化、实践教学理论化的原则，做到理论与实践相结合，针对大学生群体的特点，针对改革开放新形势下学

---

① 习近平.思政课是落实立德树人根本任务的关键课程[EB/OL].（2020-08-31）.求是网，http://www.qstheory.cn/dukan/qs/2020-08/31/c_1126430247.htm.

生的思想变化，做到以知引人，以情感人，使教学的思想性、真实性、趣味性和实践性熔为一炉，在实践中渗透爱国主义思想教育。在用科学的理论培养人才的同时，也要重视实践性的加强，思政课堂开展于校园，实践课堂拓展于社会，二者缺一不可，要用理论与实践的结合来引导学生塑造志存高远、勇于奉献的人格。

要重视思政课的理论知识学习，搭建完善的理论架构。首先要建立科学的理论体系，完善教材编排和课程设计。目前而言，高校思政课的教学编排主要有五门课程，其各有分工，分别安排在整个大学期间的不同学期进行授课，为了突出各课程的特点和作用，避免五门课程在教学中出现内容重复的现象，需要对五门课程教材编排和讲授方式及不同教师的衔接上进行一体化建设。其次要丰富和优化课程资源，在理论内容上把好关。在高校学生主要学习专业知识，但同时可以将爱国主义教育同相关专业课程有机结合起来，各学科的教材内容都尽可能蕴含爱国主义教育的内容，使学生在平时的学习生活中自然而然地接受爱国主义的教育，坚持灌输性和启发性相统一，坚持显性教育和隐性教育相统一。最后要创新理论学习模式，发挥好新媒体的作用，尽可能多地采用学生喜闻乐见的短视频、爱国主义题材影片片段欣赏等形式，吸引学生积极主动参与到爱国主义教育中去，增加学生对爱国主义思政教育的兴趣。

正确的理论知识固然重要，但通过理论的实践转化来提升思政课教学效果也必不可少，要把思政小课堂和社会大课堂结合起来。理论不联系实际，只是教条，强调实践活动在思政教育中的作用，就是希望大学生群体能够在实践活动中形成、激发这种爱国意识和民族责任感，形成更稳定、更牢固的信念。只有做到理论联系实际，使学生把在校园中学习到的理论知识及时与实践相结合，达成理论到行动的高质量的转化，才能使学生体会到爱国不仅仅是口头上的，更是行动上的，从而进一步提升思政课的时效性，完成思政课的使命。在课外实践教学时，组织学生参观当地或周边的红色文化遗址，在参观过程中，教师通过采用对红色文化遗址的内涵进行深度挖掘的方式强化学生对于红色精神的深入了解。通过爱国主义理论与实践的教育配合，让青年学生真正做到内化于心、外化于行，在理解爱国主义的内涵的基础上做到学以致用，在思想上得到收获与升华，真正理解思政课的意义和精髓。

三、加强爱国主义教育基地建设，实现无形和有形相衔接

爱国主义教育基地是感悟爱国情怀、凝聚人民力量、培育民族精神的重要场所。社会主义建设进入新时期，在党中央的领导下，全国各地方积极加强爱国主义教育基地建设，努力发掘爱国主义教育基地的精神感召作用，争取做到将爱国主义基地精神的内涵传播得更快更远。在庆祝中国共产党成立101周年之际，中央宣传部最新命名了111个爱国主义教育示范基地。命名工作紧密结合党史学习教育、"四史"宣传教育，突出百年党史重要事件、重要地点、重要人物，突出新中国特别是新时代的大国重器和建设成就。此次命名后，全国爱国主义教育示范基地总数达到585个。建设爱国主义基地建设是延续爱国主义传统、弘扬爱国主义精神的重要举措。

爱国主义教育示范基地是有形的，但其作为一座座精神宝库，所蕴藏的民族精神和爱国热情却是无形的。革命精神永流传，它们影响了一代又一代的中华儿女，激励人们为了中华的崛起和复兴不断奋发向前、努力拼搏。因此，在当前爱国主义的教育实践中，必须要重视价值观的导向作用，做到有形和无形相衔接，共同促进爱国主义价值观深植每一位青年学子内心深处。

首先要尽最大可能建设各具特色、有吸引力的爱国主义教育基地，树立"精神坐标"。一个个全国爱国主义教育示范基地，就是一个个集中展示爱国主义案例的精神宝藏、一个个人民受教育受洗礼的精神家园。截至2021年末，585个全国爱国主义教育示范基地，既有博物馆、文化馆、文明古迹等弘扬优秀传统文化的"文化宝典"，也有红色博物馆、革命遗址、烈士陵园等传承红色基因的"革命记忆"，还有展示新中国建设历程和取得成就的"奋斗历程"……一个个重要历史事件、重要地点、关键人物，生动展示了从古到今优秀中华儿女的爱国情怀，集中诠释了爱国主义穿越时空的持久生

命力。这是中华民族历久弥新的生动爱国主义教材，是学习爱国精神的重要课堂，长期以来发挥着重要的教育和引导作用。所以把有形的爱国主义教育基地打造好，就是在中华大地上树立起一座座无形的爱国主义"精神坐标"。

爱国主义教育基地是历代革命人士用血和汗建成的，是由一个个真实的故事、一段段可歌可泣的历史组成的，相较于教育基地本身，其背后的精神价值才是更值得我们去发掘和探索的。也就是要讲好故事，阐释"爱国价值"，发扬爱国教育基地的精神，用信仰的力量影响后世。例如，江都水利枢纽讲述"调水与节水两手硬"的大道理；井冈山革命博物馆在节日期间开展各种主题活动，游览者可以通过多种形式来感悟"星星之火，可以燎原"的革命热情；中国国家博物馆的《复兴之路》大型主题展览，向世人展现了中华民族一路走来的艰辛与不易，同时又给人以鼓舞和信心，增强了中华儿女的民族自豪感；中共一大会址纪念馆的设立别具一格，运用实景表演的方式，带领参观者共同踏进当年峥嵘的岁月，感受中国共产党自上海启程，一路走来从未忘记初心；重庆红岩革命历史博物馆以"红岩精神"为出发点，打造青少年红岩课堂，研发"小萝卜头""红岩故事汇"系列主题特色课程。只有坚持政治性、思想性、艺术性的统一，代入感、沉浸感的统一，表现力、传播力、影响力的统一，把背后故事和蕴含道理挖掘好、阐述好、宣传好，爱国主义教育基地所蕴含的精神才能成为人们的在伟大建设征程中的信仰之源。

有什么样的价值追求，就有什么样的奋斗方向。组织广大干部群众积极参观全国爱国主义教育基地，体悟革命先辈的爱国情怀，才能激发思想共鸣、形成心灵共振。要做到有形和无形相衔接，首先要深入挖掘这些红色资源的思想内涵和时代价值。社会是不断发展的，人的思想也随着时代的发展不断转变，要与时俱进，将爱国主义与时代精神相结合，发挥爱国主义红色基地的政治价值、文化价值和历史价值。其次要定期开展主题教育活动。注重讲述爱国主义基地背后的故事，注重馆藏展览和巡回展览相结合，深入推进爱国主义精神的传播。最后要加强媒体宣传推介。也就是说不仅要努力把教育基地建设好，更要通过各种媒介，如电视、微博、短视频等形式加强宣传，通过有效的宣传和带动让其成为更多人特别是青少年向往参观的"网红打卡地"。

第三节　发挥节日和仪式的爱国主义教育功能

节日和仪式，是人类社会特有的将内源性文化外化为具象性表达的一种实践性活动。节日和仪式是新时代爱国主义教育功能发挥的主要载体，需着眼于节日和仪式内在精神传递的可能性与文化传承的必要性，通过有效、创新的形式将其蕴含的爱国主义教育价值予以充分挖掘并展示，有助于在新时代背景下发挥爱国主义教育功能，形成中华民族共同体文化中的国家认同。

中国古代的"礼"是由规则与制度融合而形成的一种社会意识观念。"仪"则是"礼"的其中一种具体表现形式，是依据"礼"的上层规范与实质内容整理而得的一套完整而系统的程序。中国作为礼文化源远流长的"礼仪之邦"，自古而来即重视"节"的庆典和"礼"的仪式。春秋战国时期孔孟周游列国宣礼之道；及至秦汉时太常专管祭祀祖先鬼神，四时奉物；再看今朝，各色传统节日系列庆典，无不广为流传。"节"与"礼"的融合，是人民在重要、特殊的时间点上对特定情感的表达渠道。从国家层面看，它们能够强化人民群众的家国情怀与民族认同感。"节"与"礼"的深度和谐与共鸣，在中华民族艰辛而又漫长的历史演进过程中，一直扮演着教化人民信仰共情和宣扬爱国主义能量的重要角色。

爱国，是民族最深层次的传统禀赋和精神支柱，集中表现为由民族自尊心和民族自信心生发的爱国主义，揭示了个人对祖国的依存关系。[①] 爱国主义教育的开展，并非简单通过思想政治课堂教育这一单一的模式进行，而是借助多元形式和多样活动开展。在建构爱国主义教育具体路径中，节日与礼

---

① 曾德生，俞智威．新时代青少年爱国主义教育创新研究 [J]．中国青年研究，2021（5）：38-43.

仪的融合作为一种具有潜移默化传递功能的形式，具有良好的社会实效。通过对节日内涵的深入感知，借助仪式的情感传递，广大群众尤其是青少年能够在节日氛围和风俗仪式的洗礼下逐渐认识到："当代中国，爱国主义的本质就是坚持爱国和爱党、爱社会主义高度统一。"[①] 挖掘重大节日的传统底蕴与时代内涵，完善重大节日庆典仪式活动配套服务，对于广泛开展新时期爱国主义教育活动具有重要的理论意义和现实意义。

一、深入挖掘重大节日的爱国主义文化资源

家国情怀、价值期许、红色文化、社会主义核心价值观，传统节日和现代节日都具有丰富而深刻的爱国主义文化内涵，[②] 这是培育爱国主义的精神沃土，也是其得以发挥爱国主义涵育功能的根本所在。传统节日底蕴深厚，凝结了先人的民族感情和伦理道义，现代节日与时俱进，昭示出民心所向和大国使命。特殊时期的重大节庆活动往往能够制造爱国教育的契机，也能够丰富爱国教育的方式和渠道，为新时代爱国主义教育注入传统文化魅力的精髓。在物质富足的新时代，庆祝佳节能够提升人们情感和精神层面的满足感，营造家和国兴、民族团结的氛围，"汇聚起夺取新时代中国特色社会主义伟大胜利、实现中华民族伟大复兴中国梦的磅礴力量"[③]，从而激发起人民深沉的爱国情感。

重大节日所蕴含与承载的优秀爱国主义教育资源，继承了中华民族伟大的精神血脉，凝聚着华夏儿女殷切的价值期盼，呈现了古往今来爱国主义具体化的多重要求。地大物博的国土上孕育出的节日文化源远流长，具有民族特色的传统节日文化、重大节日文化与国际节日文化共同融合发展形成了具

---

① 习近平 . 在纪念五四运动 100 周年大会上的讲话 [EB/OL]. （2019–04–30）. https://www.ccps.gov.cn/xxsxk/zyls/201906/t20190604_132081.shtml.

② 曲建武，张慧敏 . 论发挥传统和现代节日的爱国主义涵育功能 [J]. 思想理论教育导刊，2021（2）：93–96.

③ 习近平 . 在 2018 年春节团拜会上的讲话 [EB/OL].（2018–02–14）. 中国政府网，http://www.gov.cn/xinwen/2018–02/14/content_5266872.htm.

有中国特色的新时代重大节日文化体系。这一融合过程再次彰显了中华民族深厚且久远的历史文化积淀、深沉且厚大的爱国主义精神与广阔且博大的世界大同胸怀。"对祖国悠久历史、深厚文化的理解和接受，是人们爱国主义情感培育和发展的重要条件"①，国家历史的演变是民族精神发展的缩影，该演变既升华了民族优秀传统文化，也传承了民族爱国基因。中秋、清明等民族传统节日是中华民族文化的重要象征符号，其中蕴含了尽管流传甚广但却逐渐没落的人文关怀、道德规范与思想荟萃。传统节日是中华民族精神的独特旗帜，优秀的节庆文化是推动促进中华民族繁衍数千年而经久不衰的强大力量；建党节、教师节等近现代重大节日在新中国的建设路上讴歌社会主义劳动建设者、爱国主义者，寄托人民对家国和谐、幸福、追求进步、发展的价值期许，激励人们用实际行动践行爱国主义；还有纪念为中华人民共和国的建立与建设事业所做出伟大牺牲的先烈的红色节日，关于无数中华儿女的鲜亮的红色记忆铺洒在节日的文化里，承载着中华民族从屈辱到复兴的历史进程，使我们永远不能忘怀，在新时代的起点上鞭策自己不断努力前行。在新时代爱国主义教育进程中，充分挖掘璀璨节庆文化内涵的作用已然不言而喻。而要塑造并涵育节日爱国主义活动的重要功能与核心价值，就需要寻求建立中华优秀现代文化、传统文化、革命文化与社会主义优秀先进文化等多向度的文化认同，并汇聚全民族共有的爱国情感和坚强意志。正是这些优秀的节庆文化，构成了中华民族爱国主义精神最原始、最本真、最朴素、最有益的精神源头。

节日文化的发掘与爱国主义教育的需求相契合。重大节日所具有的特殊时间意义与历史意义承载着对应的价值内涵，对优秀传统节日的认同是对中华民族优秀传统文化的自信体现。在爱国主义教育功能发挥问题上，要准确把握重大节日文化资源认定、判断机制这一核心要义。因为节日文化是一种

---

① 习近平主持中共中央政治局第二十九次集体学习 [EB/OL]．（2015–12–30）．新华网，http://www.xinhuanet.com/politics/2015–12/30/c_1117631083.htm.

能够迅速并广泛传播的精神文化。而也只有充分依靠人民、迎合人民的节日文化，才能够代表重大节日爱国主义文化的新时代需求，才能引导并培育社会主流文化，以更好地、更加有针对性地满足人民群众对重大节庆仪式的心理期待，继而使重大节日所承载的爱国主义教育功能得到充分的发挥。具体而言，要挖掘重大节日的爱国主义文化资源，必须做好以下两点。一是要坚持尊重历史传统、尊重发展规律的原则。"传统"源于长期积累，"历史"源于深度传承，而社会"发展规律"则源于广泛实践，以辩证的眼光看待重大节日文化的时代性变迁，洞察古今中外重大节日共同的契合点，不断提升重大节日的文化影响与思想高度。当代爱国主义教育首先要摒弃的就是历史虚无主义，虽然爱国主义教育最终将面向未来，回归当代，但仍应不忘初心、牢记使命，懂得爱国既有传承，也有创造。二是要加强重大节日文化的发展与创新。重大节日之所以能够不断传承，为广大人民群众关注，重点在于重大节日所承载的历史文化内涵具有稳定持久的特征。只有在继承的基础上进行有益创新，并结合新时代节日发展的需求，推动重大节日文化在理念、内容、形式、载体等多方面的创造性转化，才能不断丰富重大节日的爱国主义资源，实现重大节日文化与爱国主义教育从历史到现在、再由现在到未来的无缝衔接。创新有创造的因素但并非纯粹的创造，传统重大节日内涵、形式的创新始终要建立在其本来意义上，如果某种创新脱离了特定文化内涵及其价值的基本框架，则可能导致重大节日传统意义的流失，致使脱离爱国主义教育功能发挥的轨道。此外，要充分发挥互联网时代媒体风向的舆论作用。新媒体的传播极大拓展了人们了解并参与节庆仪式、节日文化的渠道。我们应当响应号召，充分利用创新、开放、迅捷的优势，以重大节日文化为载体，传播中华民族的价值追求、道德思想，引领爱国主义舆论风潮。如，通过使用数字技术的新兴媒体平台进行"节日仪式"的景观再造，将传统的节日仪式以多维方式"场景再现"，替代曾经的一维方式"文字""语言"描写，推进受众以更为融合、更易接受方式对节日文化进行更为现代的、近距离的感受与理解。

当然，对重大节日的爱国主义文化资源如何挖掘及如何表现是阶段性工程，判断具有爱国主义教育文化资源的重大节日需要厘清其与爱国主义的特殊关系与关联内容，进一步就重大节日具有的爱国主义文化资源如何发挥作用进行创新思考。

二、完善重大节日庆典仪式活动配套服务

《新时代爱国主义教育实施纲要》明确指出，要着眼培养担当民族复兴大任的时代新人，把青少年作为爱国主义教育的重中之重，将爱国主义精神贯穿于学校教育全过程，注重运用仪式礼仪，丰富新时代爱国主义教育的实践载体。新时代爱国主义教育通过仪式这一现实表达，能够引导青年的情感熏陶和信仰生成，并进一步思考爱国的真义。比如：大会庆典上演讲的慷慨激昂、国旗下宣誓的庄严肃穆、文明礼仪的耳濡目染、纪念日活动的崇敬明志、清明节祭扫的悠远追思。正如习近平总书记所说："对每一个中国人来说，爱国是本分，也是职责，是心之所系，情之所归。"[1]仪式文化展示的这种爱国情怀会产生一种感染效应，能够使参与者的情绪得到潜移默化的激发，进而使得其所传导的主流精神与价值观念由脑入心。仪式文化的不断发展是青年爱国情感持久热烈的内在依据。中国的爱国教育进入新时代后，重大节日的内涵更加丰富，形式亦别出心裁。借此契机，节日礼仪文化传承、共同价值社会教化等爱国主义方式也趋向于常态化。因此，完善节日礼仪的周边配套设施，提升活动服务质量，是推进新时代爱国主义教育走向纵深的必经之路，亦是贯彻纲要精神的高效之举。

在主流庆典仪式活动配套服务不断发展完善过程中，主流仪式活动配套服务更加需要制度化与规范化管理。如中共中央办公厅与国务院办公厅共同发布的《关于规范国歌奏唱礼仪的实施意见》对国歌奏唱场合、仪式等进行了明确的规定。制度化完善措施能够以规则形式对注意事项进行总结，将仪

---

[1]　习近平 . 在纪念五四运动 100 周年大会上的讲话 [EB/OL].（2019-04-30）. https://www.ccps.gov.cn/xxsxk/zyls/201906/t20190604_132081.shtml.

式活动内容等问题作为一种制度化予以建构，具有权威性与常态性。因此，需要明确完善主流仪式活动配套服务的主体，根据仪式活动的规模大小与影响范围进行确定；明确完善主流仪式配套服务的发展方向，将配套服务的发展纳入与社会主义核心价值观相符合的体系中。此外，尤其需要注意的是，必须要坚持正确的节日仪式活动发展方向，强调新时代爱国主义教育的主导地位，力图构建合理有效的情景化爱国主义认知模式，涵养爱国主义教育节日仪式教育活动的丰富内涵。同时，也需要在充分择优承继传统文化资源的基础之上进行创造性转化，汲取爱国主义教育的精髓，竭尽所能开拓并搭建各种形式的爱国主义教育渠道与平台，增强爱国主义教育节日活动的传播。当前我国常态化节日仪式主要有两类：一是常规性传统节日仪式。如春节团聚、中秋赏月、重阳登山等古老的节日习俗。二是重大主题纪念日活动。如在建国 70 周年、建党 100 周年、抗战胜利纪念日、南京大屠杀死难者国家公祭日等重大历史事件纪念中，举行阅兵仪式、国家公祭仪式、集中观看并学习习近平总书记讲话精神等活动，有助于提升全民爱国主义精神。

举行主流庆典仪式活动，能够在效果上代替普通的爱国主义说教，用真实的情感体验表现内心真切的爱国情感。场景式的情感互动与周围形成的正向氛围相融合具有相得益彰的效果。如庄严肃穆的升旗仪式，通过升国旗与奏国歌的形式将爱国主义的精神传递至参与者内心。

要更好发挥仪式的爱国主义教育，需要坚持基本原则。首先是坚持正确的发展方向。仪式活动的内容和形式要与社会实践深度结合，在内容上则是牢牢把握新时代爱国主义教育始终驶向伟大复兴中国梦方向这一核心特征，在切实增强中国梦与爱国主义教育融合度的同时，做到知行合一，将新时代爱国主义教育所承载的伟大精神落实到日常奉献行动中去。同时，为了实现爱国主义教育的日常化，将丰富有益的教育内容糅合到富有时代价值的仪式礼仪中去，不断开拓创造、常办常新，是很有必要的；其次是构建有效的情景化认知模式。当下爱国主义教育有着一定的"形式主义"倾向、"喊口号"等问题，从严肃走向了草率，用模糊淡化了隆重，不能充分体现其中深刻的仪式感，没有充分实现其爱国主义教育功用。针对此类问题，可以通过具体的仪式情境来设计相关的要素环节和场景，从而选择恰当的表达方式，并使其符合参与主体的心理特征和实际要求，推动参与者感受仪式活动背后的爱国主义教育价值。再者是创造性转化传统文化资源。习近平总书记强调："要以时代精神激活中华优秀传统文化的生命力，推进中华优秀传统文化创造性转化和创新性发展。"① 最后是运用多种形式开辟教育渠道。第一，在不同内容的仪式活动中坚持突出自身特色，将各环节整合形成统一、简洁、明晰的仪式流程和活动体系；第二，对不完善的仪式礼仪教育制度进行妥善改进，制定爱国教育准则，规范节庆礼仪章程，完善表彰表扬制度。强化仪式感、参与感、现代感，增强人们对党和国家、对组织集体的认同感和归属感。② 第三，利用互联网、新闻报刊等大众传媒，加大仪式教育宣传力度，以在全社会范围内营造爱国主义氛围，强化仪式礼仪的教育效果。

第四节　整合社会资源和自然资源开展爱国主义教育

"爱国主义是中华民族的民族心、民族魂。"③ 爱国主义教育是确保爱国主义得以传承和弘扬的重要手段。2019 年 11 月，中共中央和国务院发布了《新时代爱国主义教育实施纲要》，强调了开发和整合社会资源和自然资源，落实爱国主义精神的重要性，以期在新时期营造浓厚的爱国主义氛围。

一、发挥新媒体在爱国主义教育的创新性作用

随着科技水平的提高及互联网的普及与应用，网络新媒体已经成为信息传播的独特渠道，它是有效联系爱国主义教育施教者与受教者的重要媒介。

---

① 习近平主持中共中央政治局第二十九次集体学习 [EB/OL].（2015-12-30）.新华网，http://www.xinhuanet.com/politics/2015-12/30/c_1117631083.htm.

② 中共中央国务院印发《新时代公民道德建设实施纲要》[EB/OL].（2019-10-27）.中国政府网，http://www.gov.cn/zhengce/2019-10/27/content_5445556.htm.

③ 中共中央国务院印发《新时代公民道德建设实施纲要》[EB/OL].（2019-10-27）.中国政府网，http://www.gov.cn/zhengce/2019-10/27/content_5445556.htm.

大数据时代下的科技与信息水平的提高，为新时代爱国主义教育提供了更宽广的发展平台，这也对新时代的爱国主义抓住这一时代机遇提出了更高的要求。要求新时期爱国主义教育在方式方法上积极创新，高度重视和利用网络媒体的工具性功能，充分利用网络时代新媒体传播速度快、受众群体大的特点，发挥其在爱国主义教育中的独特的价值和作用。

（一）聚焦爱国主义主题是根本

2014 年 10 月，习近平总书记在文艺工作座谈会上的讲话指出："在社会主义核心价值观中，最深层、最根本、最永恒的是爱国主义。"[①]爱国主义是不断书写、不断创新的主题。站在历史新方位，实现中华民族伟大复兴的中国梦已经进入关键时期，爱国主义教育需要以不断创新的方式、不断顺应时代潮流的内容，作为民族精神的核心走在新时代的前沿、发挥其提纲挈领式的引领作用。通过结合时代特征，把握发展机遇，赋予爱国主义新时代的内涵，以振奋中华民族精神，凝聚民族力量，引导中华儿女弘扬伟大的爱国主义精神，在新时代谱写以爱国主义为主题的新篇章。随着科技水平的发展和大数据技术的普及，良莠不齐的信息在互联网以爆炸式、井喷式的趋势进行传播，使得人们接收的信息往往超过人们能够处理的或者需要接收的信息。信息过载的负面影响对爱国主义教育的价值引领提出了严峻挑战，同时也要求其在教育内容与传播方式上进行自我创新。互联网的发展助力了全球化的深化，其中之一就表现在世界各地文化的传播与相互影响。对于当代中国来说，外来文化，特别是"普世价值"伪装下的"新自由主义"和"公民自由主义"思想在互联网上干扰着社会主义核心价值观的传播与普及，其导致了狭隘的民族主义、虚无主义、消费主义等不良风气出现抬头趋势，对引导公众树立正确的理想和信念造成一定的阻碍。另一方面，目前互联网用户的年龄普遍偏低且所受教育的平均水平不高。年轻一代的互联网用户正处于

---

① 习近平在文艺工作座谈会上的讲话 [EB/OL]．（2015–10–15）．人民网，http://jhsjk.people.cn/article/27699249.

价值观形成和完善的重要阶段，同时缺乏一些成熟理性思维及社会实践经验的指导，容易受到不良信息的误导和煽动性言论的蛊惑。因此，在利用互联网进行爱国主义教育的过程中，最重要的是高举爱国主义大旗，秉承新时代爱国主义的本质，即"坚持爱国和爱党、爱社会主义高度统一"①。新媒体要在新形势下把握爱国主义的本质所在，聚焦爱国主义的深层含义，将爱国主义精神作为永恒的主题，为新时代爱国主义教育的创新性发展注入新的活力。

（二）创新新媒体的表现形式是前提

新媒体的出现与蓬勃发展，是一定历史条件的产物，同时也反映了人民群众的需求所在。新时代的爱国主义教育应抓住新媒体技术的发展机遇，以积极创新的形式充分展示和传播爱国主义精神，创造不同形式的大众视听产品，以新的表现形式满足人们的好奇心与求知欲。其次，创新爱国主义教育的新媒体传播方式需要不断细化，既包括传播内容的丰富化，以满足不同层次、不同需求的受教育者的要求；也包括表现形式的精致化，通过运用人民群众喜闻乐见的形式增加趣味性、增强生活性，以创新的方式吸引受教育者主动接受爱国主义教育并积极践行爱国主义行动。

同时，要加强新媒体内容创新成果在爱国主义教育上的应用。近年来，一批优秀影视节目将爱国主义教育与大众娱乐结合起来，在满足人民群众精神生活需求的同时又增强其对爱国主义精神更深层次的理解。这些展现历史与当代爱国精神电影和电视节目，使历史故事和传说生动起来，使当代榜样事迹更加深入人心。同时，新媒体线上课堂的普及，使得接受教育成为一项突破时间、突破空间的日常行为。尤其在此次新冠疫情期间，各类互联网课程平台充分发挥自身优势，推动了教育模式的革新。爱国主义教育要借助这一新型力量与变革趋势，通过线上学习平台来扩大受众群体的数量，实现教

① 习近平 . 在纪念五四运动 100 周年大会上的讲话 [EB/OL]. （2019-04-30）. https://www.ccps.gov.cn/xxsxk/zyls/201906/t20190604_132081.shtml.

学资源的整合，增强受教育者的兴趣，引领新媒体在线教育中爱国主义主旋律。

（三）培育公民正确的价值观是目标

新媒体如果要实现自身的发展必须不断满足人民群众的精神文化需求，不断走向大众化与平民化，一种新的"新媒体"现象由此产生：自媒体。自媒体的特点在于信息发布主体与宣传主体的资格限制较少，使得其对新媒体的应用更加私人化、自主化与普遍化。每一位普通大众都是"观察者"与"传播者"，都有机会通过媒体平台实时分享自己的状态或者向公众传达自身的观点。此外，自媒体较传统媒体的表现形式更加多样，对文字、图片、音视频的结合使得受众更乐于接受相关信息，同时加强了自媒体之间的互动性，加速了信息的传播。自媒体是新媒体更进一步的发展，丰富了新媒体的展现形式，增强了人民群众传播和接受信息的主动性，为爱国主义教育带来了新的发展机遇与变革契机，使爱国主义教育的讲授主体与传播主体更加多样化，有力地增强了新媒体应用下爱国主义教育的效果与效率。但是，由于自媒体给予用户更加自由、充分的交流和探讨空间，加之自媒体传播主体及互联网用户自身知识水平和个人素养的差异，其广泛应用也会产生不良价值观诱导的风险，对新时代爱国主义教育如何在新媒体及自媒体的应用中发挥标杆和旗帜的作用提出了挑战。

新时代爱国主义教育在利用新媒体及自媒体宣传爱国主义精神时，应发挥主导作用，把握舆论风向，引导用户在互联网所传递的多元化的价值观中保持理性，做出正确的价值选择。同时，有必要在抖音、微信公众号、微博、知乎等平台以官媒形式建立媒体宣传平台，顺应时代的发展及人民群众的喜好，积极与互联网用户互动，了解群众普遍的思想发展水平，在此基础上创新爱国主义教育示范方式，引导其他自媒体用户朝着正确的爱国主义价值观方向发展与创新。

此外，在传播内容上，不仅要进行知识性、常识性的内容宣传，而且可以通过宣传当代先进爱国榜样的事迹来激发人们的爱国热情，引导人们进行理性的爱国行为。此外，通过大数据的分析，了解人民群众喜闻乐见的内容，既要在原则方面保持官媒的严肃性，同时又应紧跟时代潮流，增加活泼性、有趣性，增强对青年一代的吸引力。同时，利用新媒体进行的爱国主义教育不应仅仅停留在知识传播方面，更要肩负起引领正确舆论方向的职责，严厉打击容易误导互联网用户的虚假新闻与负面新闻，通过正向的价值引导，弘扬社会主义核心价值观，唱响爱国主义主旋律。

（四）强化对新媒体的有效监管是保障

"无规矩不成方圆"，在全面依法治国的时代背景下，新媒体的发展必然不能游离于监管之外，也需要规则的指引与有效的监督作为保障其良好发展的基础。在互联网时代，人与人之间的联系更加紧密，所展现的价值观也更加多元。在这个巨大的网络平台中，信息不断联系与交换，可能会在传播过程中出现偏差，被别有用心的人恶意利用。而互联网用户对真实信息与虚假信息不能总是做到有效分辨，这就需要对互联网新媒体的发展进行有效监管，为新形态下的爱国主义教育保驾护航。

首先，要坚持党管媒体。"媒体是党和人民的喉舌"，自媒体平台不能成为党建工作中的空白，主流媒体的声音不能消失在不同价值观撕扯的个人言论中。党和政府要以建设者的姿态主动占据网络和自媒体的阵地，使之成为宣传大政方针的新渠道，发挥官方媒体在爱国主义价值观的引导作用，确保意识形态的安全。

其次，要坚持法治意识。"互联网不是法外之地"，通过法律的力量对新媒体平台、自媒体人进行统一的规范管理。通过完善相应管理体系的立法，使得对新媒体的监管做到有法可依。同时，对散布反党、反社会主义及有碍爱国主义教育发展的言论进行严厉处罚，营造新媒体平台发展的良好生态。此外，新媒体内部监管也应秉承法治意识，树立责任意识，以内部规范和行业自律保障积极、健康、和谐的新媒体发展秩序，确保新媒体把握正确发展方向，为爱国主义教育的有效推进提供稳定的网络环境。

最后，为了实现新媒体平台的正常运作与良性发展，需要发挥社会各界的力量。全民监督使得存在于互联网中的负能量与阴暗面无处藏身，是实现新媒体有序发展的重要保证。此外，应积极利用新型技术的力量，监督的有效性离不开监测技术手段的进步。为新媒体参与者升级互联网防火墙、采用网络信息自动过滤和实名制认证将是未来新媒体平台标准化的重要技术技术支持。应当承认，新媒体的进步给现代教育带来了进步动力。面对信息时代的负面效应，新时代的爱国主义教育应当"逢山开路，遇水搭桥"，化不利为有利，化冲击为机遇，让新媒体成为爱国主义教育的新阵地。

二、发挥历史文化遗迹、革命遗址的主阵地作用

历史文化遗迹和革命遗址所体现的革命精神，蕴含着鼓舞人心的战斗力，是取之不尽、用之不竭的精神财富。新时代应当结合理想信念教育的开展，深度挖掘历史文化遗迹和革命遗址内在资源，依托爱国主义教育弘扬爱国主义精神，并注重加强对青年党员、青年干部和青年学生的培养，自觉把红色革命精神融入自己的价值观和行为准则，全心全意为人民造福，为社会做出贡献，实现中华民族的伟大复兴，这是充分发挥历史文化遗迹和革命遗址主阵地优势的方式。

（一）历史文化遗迹、革命遗址是爱国主义教育的重要场所

高度重视爱国主义教育，弘扬和培育民族精神，是我们党的优良传统。实践证明，历史文化遗迹、革命遗址等爱国主义教育场所是开展爱国主义教育的重要场所，历史文化遗迹和革命遗址的建设和开发，有助于提高人民的素质和爱国主义情感，树立共同理想，凝聚人心，陶冶情操，提高国人的整体素质。

第一，历史文化遗迹、革命遗址是党员干部和群众贯彻学习爱国主义的重要场所，是推进爱国主义理想信念教育和革命传统教育的重要教育基地，

历史文化遗迹、革命遗址中蕴含的爱国主义和革命传统的宝贵资源是弘扬民族精神和时代精神的重要支撑。在开展弘扬民族精神和时代精神的爱国主义教育过程中，我们不仅要依靠理论作为阐述来源，更需要让受教者在日常生活中对生活行为和高尚人格进行构建和感染，这样更有助于爱国主义教育成为有血有肉的存在，更能深入人心。我国拥有着众多的历史文化遗迹，这些场所是历史的见证者和记录者，铭刻着中华民族的悠久历史和文化，更是中华民族在世界民族之林屹立不倒的精神支柱。而如渣滓洞、人民英雄纪念碑等革命遗址，则展现了近代中国人民、中国共产党人在中国共产党的英明领导下在争取实现民族独立、国家振兴光荣历史中的英勇斗争的壮丽篇章，展示了中国人民英勇斗争的伟大精神，是中华民族和中国人民代代相传的宝贵财富，是弘扬和培育爱国主义精神的活生生的教科书。如今，历史文化遗迹和革命遗址已经成为党员干部和群众贯彻学习爱国主义的重要场所，成为广大群众培养爱国情怀、传承民族精神的重要场所，是广大青少年学习革命传统、陶冶革命情操的重要课堂。

第二，历史文化遗迹和革命遗址是弘扬爱国主义，培育和践行社会主义核心价值观的主要阵地。在实践中，绝大多数历史文化遗迹和革命遗址承载着源远流长的中华文化和自强不息的民族精神，印证了中华民族团结进取的光辉历史，记录着中国共产党的历程，是中国人民勤劳勇敢、自强不息、爱国奉献、团结奋进的有力象征。其中蕴含着中华民族独特的精神追求、厚重的文化传统和伟岸的精神风貌，见证了中华儿女坚定的理想信念，是中国共产党人在长期的革命战争和建设中形成的，是中国共产党成立以来逐步凝聚起来的先进文化与反映劳动人民坚定理想信念的社会主义、集体主义、共产主义理想相结合的产物。高尚的道德情操和积极向上的人生态度横跨了历史的时空，成为中华民族和人民最深的历史记忆，是培育和延续社会主义核心价值观的关键，镌刻着中华民族和中国人民最深刻的历史记忆。因此，历史文化遗迹和革命遗址是社会主义核心价值观教育的新教材，是社会主义核心价值观教育的天然载体，当人们走进爱国主义，就能贴近爱国主义，触动和感受核心价值观，真正达到"眼、耳、心"的效果，加强爱国主义教育基地建设，是巩固党的领导地位的重要举措。

最后，历史文化遗迹和革命遗址的保护与维护是确保爱国主义教育基地所承载的爱国主义红色资源得以发挥发扬的重要途径，关乎社会主义意识形态文化工程的建设，是关乎巩固中国共产党政治地位建设的政治工程。长期以来，爱国主义教育基地在教育引导方面发挥了重要作用，但制约爱国主义教育基地健康发展的因素仍然很多。第一，诸多资源亟待保护，随着社会主义市场经济的建设，部分基地设施设备陈旧失修，场地破旧，急需修整以实现功能价值。第二，部分历史文化遗迹和革命遗址存在着商业开发过度的情况，对于文化资源的挖掘不够。第三，部分爱国主义教育基地由于历史因素影响，存在着管理部门多头执法、条块分割现象，不利于爱国主义教育基地的管理。

（二）依托爱国主义教育基地弘扬爱国主义精神

自中国共产党第十八届全国代表大会召开以来，以习近平同志为核心的党中央高度重视弘扬和传承优秀的历史文化和革命文化，致力于中华民族的伟大复兴。在全国人民努力建设中国梦之际，需要强烈的精神支撑予以保证，而爱国主义是激发爱国热情、凝聚人民的精神力量，历久弥新，把历史文化遗迹、革命遗址作为激发爱国热情、凝聚群众力量、传承红色基因的主阵地，不断挖掘其内在文化精髓，创新宣传载体，丰富陈列内容，有助于爱国主义精神的宣传和深耕。

一是要关注重要时期，结合爱国主义教育基地的实际情况，充分结合建党、建军、国庆等重大节日，常态化开展爱国主义教育。并结合烈士纪念日、南京大屠杀死难者国家公祭日等重要日期，组织有针对性的专题培训活动，引导干部群众提高爱国主义水平，培养爱国情怀。

第二，持续性地开展重大纪念活动的爱国主义教育。党和国家历史上重要的纪念日是中华儿女和中共党人追求民族独立富强历史丰碑中的光辉印记，在历史文化遗迹和革命遗址里，组织开展重大教育节日、纪念活动、特别展览、特别讲座和广泛的群众教育活动，有利于引导广大干部群众传承红色基因，唱响爱国主义的时代主旋律。

第三，结合党的主题教育活动，专题性开展爱国主义教育。党的十八大以来，在党的群众路线教育实践活动、"三严三实"专题教育、"两学一做"学习教育、"不忘初心、牢记使命"主题教育、党史学习教育中，很多基层党组织都纷纷组织党员到爱国主义教育基地参观学习、进行集中教育。各级爱国主义教育基地结合实际，开展形式多样、内容丰富的主题教育活动，引导广大党员干部就近就便开展参观学习，聆听革命故事、学习革命精神、感悟家国情怀、提升精神境界。

第五章　新时代爱国主义教育多维度氛围营造

中国特色社会主义进入新时代，必须大力弘扬爱国主义精神，把爱国主义教育贯穿到国民教育和精神文明建设的全过程。《新时代爱国主义教育实施纲要》其中就"营造新时代爱国主义教育的浓厚氛围"，提出了用好报刊广播影视等大众传媒、发挥先进典型的引领作用、唱响互联网爱国主义主旋律、涵养积极进取开放包容理性平和的国民心态、强化制度和法治保障等几点措施方向，为明确社会各方面在新时代爱国主义教育中发挥的作用做出了全面部署。因此，在具体实施和落实新时代爱国主义教育多维度氛围营造工程中，首先，需要构建起互联网时代爱国主义教育多媒体矩阵，作为爱国主义的新兴载体之一，利用多媒体开展爱国主义教育是一个多方合力的系统性工程。互联网时代爱国主义教育在受到多媒体带来的积极影响的同时，也面临着一些挑战，要充分发挥多媒体在互联网时代的爱国主义教育功能，需着眼于网络时代多媒体技术在爱国主义教育环节的具体方面，把握多媒体在爱国主义教育的发展规律、利用多媒体矩阵构建爱国主义教育的互联网路径和平台。其次，爱国主义教育多维度氛围营造需积极发挥先进典型的引领作用，榜样教育是爱国主义教育不可或缺的宣传载体之一，讲好爱国主义教育榜样故事是新时代精神文明建设的重要方式与途径。注重以先进榜样作为典型示范的带动，引导全党和全国各族人民以先进为榜样，向榜样看齐。再次，新时代爱国主义教育多维度氛围营造需涵养积极进取开放包容理性平和的国民心态，要深层次把握大国国民心态的特点，理解作为大国国民所应当具备的特质，这些特质既饱含着中国人民可以创造一切可能的志气，也蕴含着中国坚定走向世界舞台中央的底气，用优秀的大国、强国国民心态，助力中华民族走上繁荣昌盛的伟大复兴之路。最后，营造新时代爱国主义教育多维度氛围需要强化制度和法治保障。爱国主义作为中华民族绵延发展、悠久漫长的历史长河中永恒的主旋律，在不同的历史时期呈现不同的内涵，因此爱国主义教育也相应地被赋予了不同的历史使命。站在新的历史方位上，新时代的爱国主义教育应当沿着法治的轨道，真正地将爱国主义教育所蕴含的合理爱国情感从单纯的道德层面的内容转换为行之有效的客观行为标准。以法治刚柔并济的独特优势，激发爱国主义教育促进人们知行统一的力量。

第一节　互联网时代爱国主义教育多媒体矩阵的构建

互联网时代的到来，手机等移动信息端的普及，使网络成为亿万网民的精神家园和获得信息的主要来源和途径。作为爱国主义的新兴载体之一，利用多媒体开展爱国主义教育是一个多方合力的系统性工程，要重视并加强爱国主义网络内容建设，要创新、丰富爱国主义传播载体和手段，生动活泼地开展多媒体爱国主义教育，唱响互联网爱国主义主旋律。

一、互联网时代爱国主义教育面临的挑战和机遇

随着互联网的广泛使用和信息数字技术的日益普及和深化，世界政治、经济、军事、科技、文化等各方面都受到深刻影响，人们的思想观念和生活方式同过去相比也发生了巨大的转变。互联网时代的爱国主义教育在受到多媒体带来的积极影响的同时，也面临着一些挑战。

（一）互联网时代对爱国主义教育的挑战

网络信息技术造就的信息交流平台传播着数量巨大、种类繁多的信息，这些纷繁复杂的信息对人们的思维方式和行为方式都有着影响，而绝大部分来自享有新闻舆论话语权的国家及集团的信息，诸如国家地域观念、民族国家的政治文化及民族认同感等，都有可能在互联网营造的全球化的文化价值传播中被淡化或者弱化。"网络空间是亿万民众共同的精神家园。网络空间

天朗气清、生态良好，符合人民利益。网络空间乌烟瘴气、生态恶化，不符合人民利益。"①网络信息传播的数字化与虚拟性、开放性与平等性、丰富性与多元性等特征也给爱国主义教育提出了挑战。

首先，互联网时代对国家地域观念提出了挑战。国家地域观念的认同是爱国主义形成的基础，人们是基于在共同的地域中生活才形成的对本地域的认同和热爱之情，即爱国主义，因此，国家地域观念的认同也是进行爱国主义教育的基础。网络最初是一种出于信息交流需要而被创造出来的人的本质对象化的产物，然而，随着人们对网络技术依赖的不断加强，网络信息触角延伸至社会的每一个角落，一定程度上支配和控制着社会环境。网络舆论话语权是一个国家综合国力的重要组成部分，一些带着政治性内涵的"普世价值"，在强权政治的网络传播中往往极具煽动性和破坏性。互联网时代，尤其在以西方强权政治国家为首的舆论话语霸权的支配和控制下，不良网络信息的传播对国家地域观念具有极大的破坏性，这也对我国爱国主义教育提出了挑战。

其次，互联网时代给国民民族政治、文化认同感也带来挑战。不言而喻，民族国家的政治体系的合法性与稳定性，很大程度上来自一定的政治文化支撑。而在互联网时代，采用互联网技术搭建的信息交流平台具有开放性，这种开放性在掌握支配网络舆论话语权的强权政治国家的利用下，逐渐成为其政治文化输出的绝好方式，他们对发展中国家的文化控制在互联网时代有了更为广阔的空间，因此也更容易将其文化价值观念向发展中国家传播、宣扬甚至渗透。在具体的实践中，西方强权政治往往利用网络来竭力宣扬资产阶级政治制度的完美与合理，对资本主义意识形态进行美化，同时利用"民主""自由""人权"等作为幌子，对社会主义中国的基本制度、意识形态和价值观念发动猛烈的攻击，对中国的政治文化进行诋毁和削弱。在我国一些重大政治问题上，常常利用网络颠倒黑白、误导人民、混淆是非。而诸如

---

① 习近平.在网络安全和信息化工作座谈会上的讲话[M].北京：人民出版社，2016：8.

此类的网络信息，往往极具迷惑性，容易影响一些缺少理性思考和政治素养的民众，从而影响他们对我国社会主义的政治认同，并影响他们的世界观、人生观和价值观。此类行为造成的风险对我国青少年的影响巨大，长期以来，青少年是网络空间的主要使用者，并处于世界观、人生观和价值观的形成初期，长期受此影响的青少年，不可避免地会出现对本国政治、文化的冷漠，或者崇尚他国文化价值的心理。因此，如何在互联网时代对青少年进行民族政治、文化认同的爱国主义教育，是一个重要的问题。

最后，互联网技术的独有特征也对爱国主义教育造成挑战。网络的虚拟性为不当言论、行为提供了温床。网络这个拟态空间中，存在着不法分子可能在这种特殊匿名性的"保护"下传播过激或者不实言论的风险，尤其在网络的开放性前提下，这些言论容易让青少年形成对国家的负面性理解和不良印象，这对爱国主义教育提出了严峻的挑战。

（二）互联网时代对爱国主义教育的机遇

互联网以信息的数字化为基础，采用数字通信技术，利用音频、视频、文字、图像等多种方式，依靠其高度及时性、开放性、互动性和虚拟性等特点，通过新型移动便捷的智能设备传输知识、信息、提供娱乐服务，并开展商业活动，为互联网提供了极广阔的空间和极多可利用的资源，其对爱国主义教育产生了不可替代的积极影响。

首先，互联网拓展了爱国主义教育的空间。网络信息本质上是依循一定规则表达和交流的数字串，这种将真实世界数字化的过程具有去身份化、去阶级化的特点，使得现实生活中受各种条件束缚和定位的人获得了相对的开放性。这样相对自由的环境不同于传统自上而下的宣传式教育，人们更容易敞开心扉交流意见，各种观点和情感更具真实性、直接性，也为爱国主义教育拓展了新的空间。信息传播网络是立体化和多层次的，因此可以把学校、家庭和社会力量等有机结合起来，从而构建一个全员参与、全程教育、齐抓共管的开放式爱国主义教育机制。

其次，网络强烈的主体性和互动性特征促进了人们的爱国主义自觉性。相较于过去人们只能通过课堂学习和社会宣传了解国家和民族的相关知识及历史，互联网时代爱国主义教育一改过往被动接受的教育模式，提供的学习途径有助于人们主动地在海量信息中自主选择自己感兴趣的内容进行了解和辨析。这种通过独立检索和思考形成的爱国主义具有更加坚实的情感和思想基础。同时一些网民出于爱国情怀在多媒体上进行爱国主义宣传，相较于传统的官方宣传更容易获得民众的关注和认同，客观上壮大了网络爱国主义教育力量。

第三，丰富和多元的网络信息能够提升爱国主义教育质量，极大地丰富爱国主义教育形式。在网络时代来临前，爱国主义教育就已经通过文字、图片、视频等形式开展，在互联网灵活的信息交融机制下，一方面，以往受制于现实载体的爱国主义内容突破了时空限制，数字化处理会较大提高其保真性和传输速度，提升了爱国主义教育质量；另一方面，可以将传统的文字、图片、视频等单向的渠道进行自由的组合，丰富了爱国主义教育形式，使爱国主义教育内容从单一走向多元、由平面走向立体、由静态走向动态，促进爱国主义教育多元化、立体化和动态化。同时，网络能够实现多形式资源的整合，使教育对象在同一平台获得其所需要的爱国主义教育资源，受众得到了有效教育，并减少了教育者的工作成本。

二、构建爱国主义教育多媒体矩阵的意义和基本要求

中国特色社会主义进入新时代，实现中华民族伟大复兴的中国梦进入了一个关键时期。加强全社会爱国主义教育，以振奋中国精神，凝聚民族力量，引导全体人民弘扬伟大的爱国主义精神，夺取新时代中国特色社会主义伟大胜利，都具有非常重要的现实意义和深远的历史意义。爱国主义教育多媒体矩阵具有开放性和广泛性，是培育社会大众爱国主义情怀和引领社会大众弘扬爱国主义精神的重要途径。

随着我们经历的电视媒体到传统互联网再到移动互联网时代的不断更

迭，媒介升级的速度不断加快，从实体空间进入虚拟空间，多媒体传播矩阵成为大势所趋，网络虚拟空间成为新时代爱国主义教育的主流渠道和途径。[①] 爱国主义教育多媒体矩阵能够充分发挥互联网作为传播平台的优势，为爱国主义教育指明了新方向，使得爱国主义精神传播的广度和宽度不断扩展。爱国主义教育的多媒体矩阵建设能够突破人们视觉和听觉的局限性、突破时空的限制，改变人们的认知行为和思维方式，为爱国主义教育面向全体人民提供无限可能性。在认识到构建多媒体矩阵对于新时期的爱国主义教育具有重要意义的基础上，我们要对构建爱国主义教育多媒体矩阵提出一些基本要求。

第一，丰富爱国主义教育内容。爱国主义是与时代潮流紧密相连的，每一个时代的爱国主义都有不同的具体表现形式。以互联网平台为依托，新时代爱国主义教育一方面要传承和发扬中华优秀传统文化，另一方面要不断充实爱国主义教育内容和丰富爱国主义内涵，不断加深人们对于爱国主义的理解，让爱国主义根植于人民内心、践行于生活。同时，"弘扬爱国主义精神，必须坚持立足民族又面向世界。中国的命运和世界的命运紧密相关。我们要把弘扬爱国主义精神与扩大对外开放结合起来，尊重各国的历史特点、文化传统，尊重各国人们选择的发展道路，善于从不同文明中寻求智慧、汲取营养，增强中华文明生机活力"[②]。

第二，创新爱国主义教育形式。互联网平台具有便利性和时效性的特点，成功打破了现实世界和虚拟世界的边界。新时代爱国主义教育可以巧妙依托互联网平台推动爱国主义教育形式不断创新。在多媒体矩阵下，可以通过影像、声音、图文等各种生动形象的方式直观呈现爱国主义素材，充分激发学生兴趣，营造爱国氛围，在日常生活中潜移默化地培育爱国主义情怀。如今，

---

① 张阐力，储著源.论慕课的爱国主义教育功能及其实现路径 [J]. 湖北经济学院学报（人文社会科学版），2021，18（8）：115–118.

② 习近平主持中共中央政治局第二十九次集体学习 [EB/OL].（2015–12–30）.新华网，http://www.xinhuanet.com/politics/2015-12/30/c_1117631083.htm.

移动通信终端基本普及，应用软件数量井喷、大数据传输技术快速发展，直播和短视频走入人们的生活，成为大学生沟通学习、接触外界的重要渠道，这些移动互联网终端也是新时代爱国主义教育的重要阵地。[①]

第三，健全新媒体信息监管机制。爱国主义教育多媒体矩阵具有超乎寻常的便利性，是培育爱国主义的重要途径，同时也面临着信息传播速度快、范围广，内容泥沙俱下的挑战。高校既要以新媒体平台为依托开展大学生爱国主义教育，同时也要注重加大监管力度，着重打击歪曲大学生世界观、人生观和价值观的不良和错误信息，预先制定信息发布的严格标准。打造生态良好、风清气正的爱国主义教育网络空间，关键要从源头上杜绝不良信息的滋生。[②]

三、构建爱国主义教育多媒体矩阵的方法路径

新媒体环境下的爱国主义教育必须贴近受教者的生活，要与受教者的现实相结合。因此，构建爱国教育多媒体矩阵需着眼于网络时代多媒体技术在爱国主义教育环节的具体方面，要充分发挥多媒体在互联网时代的爱国主义教育功能，积极推动实现爱国主义教育向爱国情、强国志、报国行的实际行动的成果转化，就必须把握利用多媒体矩阵爱国主义教育的规律、利用多媒体矩阵构建爱国主义教育的互联网路径和平台。

（一）打造多媒体传播矩阵

随着媒介迭代进程不断加快，构建多媒体传播矩阵成为大势所趋。从电视媒体到传统互联网再到移动互联网的时代变迁进程中，媒介实现了升维的过程，从实体进入虚拟的空间。所谓多媒体传播矩阵，其实质就是媒体融合发展，即新兴媒体平台和传统媒体实现互联互通、信息共享，在改变传统媒

---

① 梁莉芃，李露露.新媒体时代大学生爱国主义教育研究——以驻泰高校为例[J].新闻研究导刊，2021，12（13）：96–98.

② 梁莉芃，李露露.新媒体时代大学生爱国主义教育研究——以驻泰高校为例[J].新闻研究导刊，2021，12（13）：96–98.

体单向传播信息模式的同时，形成一个从一次性采集到全媒体传播再到资源整合的新模式。互联网虚拟空间已经成为新时代爱国主义教育的主流渠道和路径。充分利用信息、技术革命成果，以主流媒体为传播中心，将爱国主义教育相关视频、文章等第一时间推送到微信、微博、QQ、抖音、快手等媒体客户端，实现信息全方位、多渠道覆盖，使爱国主义教育更加立体化、全面化。构建互联网时代多媒体矩阵，推动实现传统媒体与新兴媒体交互融合发展，加强主流媒体的影响力和公信力，是推进多媒体在爱国主义教育传播中发展的重要举措。结合生活实际，推动爱国主义教育内容进头脑、进生活、进日常，从而不断增强人们对中国共产党、中华民族、中华优秀文化和中国特色社会主义制度的认同感与自豪感。以爱国主义为主线脉络，提高多媒体传播矩阵的内容质量，发挥互联网时代的信息传播优势，进一步壮大新时代爱国、爱党、爱社会主义、爱人民教育的主流舆论阵地。

（二）创新爱国主义教育多媒体载体

新时代开展爱国主义教育的主要渠道就是将传统课堂与新媒体平台更加高度融合的思想政治理论课。一般课堂要求时间固定、地点固定，在特定的时空下开展。新媒体时代延伸并拓展了爱国主义教育的时间、空间界限，这反向要求思政课教师必须顺应潮流、紧跟时势，利用新媒体使教学工作鲜活起来，推动传统课堂与新媒体平台高度融合，增强时代感和吸引力。

课堂爱国主义教育要合理利用新媒体技术、平台支撑。作为爱国主义教育的"第一课堂"，课堂爱国主义教育对大学生爱国主义精神的形成和实践都具有重大意义。爱国主义精神要先进入教材、进入课堂，才能进入头脑、进入思想。高校课堂爱国主义教育首先应当以新媒体技术为依托，将思政理论课讲好、讲精，让爱国主义深入人心。[①]同时，要将爱国主义思想充分渗透至各个学科，充分发挥哲学、社会科学等相关学科的辅助作用，润物无声

---

① 李世淳.新媒体时代加强大学生爱国主义教育的路径[J].现代交际，2020（18）：142-144.

地培养大学生爱国主义情怀。还要善于将新媒体技术平台与课堂爱国主义教育充分结合。新媒体手段辅助教学可以将课程从预习、讲解到复习完整地连接起来，调动学生的学习兴趣，培养学生浓厚的爱国情怀。通过充分发挥线上课程的协同作用，思政课教师可将在线学习模式作为课堂学习的有效补充，拓展教育教学平台规模，使课前预习、课堂学习、课后温习相互衔接，使学生在课前或者课后依然可以汲取爱国主义的知识养料。尤其在新型冠状病毒性肺炎疫情发生以来，在教育部"停课不停学"的要求下，新媒体技术平台充分发挥了其特有的教育和传播功能，打破了爱国主义教育的时空限制和地域桎梏。思政课教师还可以在筛选和鉴别后通过微博、微信等平台向大众推送爱国主义教育的相关内容，以及实时转发榜样人物的优秀先进事迹，使学生潜移默化地接受爱国主义教育。同时，在爱国主义教育多媒体传播中，要抓住国家开展重大活动的契机，充分发挥传统节日、重大节日的涵养功能。充分开展形式多样的网络爱国主义特色活动。网络爱国主义教育活动参与方便、针对性强。例如参与"歌唱祖国的快闪活动"让大学生以喜闻乐见的方式在轻松活泼的气氛中主动接受爱国主义教育，并推动大学生积极主动占领新时代爱国主义教育的主阵地、走在新时代爱国主义教育的最前沿。

（三）批判和揭露消极的现象和行为

目前，新兴媒体的影响力越来越大，不仅改变了传统信息单向传播的模式，而且让每个人不仅是信息的接受者，还可以成为信息的生产者。网络信息的开放性和共享性在传播信息变得日益便捷的同时使得成本不断降低，网络谣言模式变得多元化，图片、文字、影像等形式考验着人们辨别是非的能力。部分自媒体为了追求利益、增加点击率，默许一些网民发布错误的、吸引人眼球的言论，一些虚假、歪曲的信息在传播的过程中由于缺失信息审核等环节，扭曲受众人群的认知并引起一定的社会恐慌，破坏了网络信息传播的秩序，降低正确、权威信息的可信度，这极大地阻碍了正确思想意识的宣传教育。习近平总书记指出："准确、权威的信息不及时传播，虚假、歪曲的信息就会搞乱人心；积极、正确的思想舆论不发展壮大，消极、错误的言论观点就会肆虐泛滥。"①主流媒体应当同多媒体平台共同发力，针对网络或现实社会出现的不正确的言论、现象和行为，进行揭露批判，提高学生明辨是非的能力，培养人民大众善于揭露网络现象背后损害国家利益的言行的本质的能力。爱国主义教育教学内容是积极向上的，是用真实的鲜活的案例、生动的历史、先进的事迹、感人的故事打造出的。要深入批判和驳斥抹黑祖国的行为，培养学生自觉成为爱国、爱党、爱社会主义的坚定者和守护者。

（四）利用新媒体发挥隐形教育的作用

大学校园中还包括课程思政建设、日常思想政治教育工作以及建立校园公众号平台等隐性教育途径和手段。要将显性教育与隐性教育充分有机统一起来，关键在于充分认识隐性教育的作用并更好地发挥隐性教育的功能。②充分发挥隐性教育作用的首要措施就是有机结合思政课程建设和课程思政建设。促进师生对思想政治教育理论和实践的更好交流和沟通，要充分合理运用多种新媒体技术平台，促成学生正确价值观的形成。其次，重视日常思想政治工作推进，提升日常思想政治教育工作的成效。要牢牢抓住大学生爱国主义教育的这个重要环节，依托新媒体平台和技术多途径开展思想引导、学习指导、心理健康教育等各种日常思想政治教育工作。最后，还可以利用新媒体时代所具有的优势，通过建立校园微信公众号、视频号微博等方式在各个平台推送红色文化知识，推动学习最新的理论知识，积极传播爱国主义思想，从而营造良好的校园爱国主义氛围。

---

① 习近平. 加快推动媒体融合发展 构建全媒体传播格局 [J]. 奋斗，2019（06）：1-5.

② 李世淳. 新媒体时代加强大学生爱国主义教育的路径 [J]. 现代交际，2020（18）：142-144.

第二节　讲好爱国主义教育榜样故事

社会榜样是在一定的社会时代背景下涌现出的先进人物和模范集体，他们身上所具备的崇高品德和工作能力是全社会学习的标尺和典范。在不同时代背景下，社会榜样作为有血有肉的个体难免带有时代烙印，但是他们身上的感召力和吸引力是永恒不变的。当人们表达对社会榜样的敬仰时，他们不再是独立的个体，而是一种文化的象征，是先进道德文化的凝聚者和传承者。[1]习近平总书记在《之江新语·要善于学典型》中也引用"学所以益才也，砺所以致刃也"来激发广大群众积极主动向榜样学习的动力，以振奋民族精神，凝聚民族力量。榜样教育是爱国主义教育不可或缺的宣传载体之一，一方面为爱国主义教育提供丰富的素材，另一方面也是爱国主义教育的实现路径。同时，榜样教育也是新时代精神文明建设的重要方式与途径。注重以先进榜样作为典型示范的带动，引导全党全国各族人民以先进为榜样，向榜样看齐。

一、讲好爱国主义教育榜样故事的难点

榜样教育作为爱国主义教育的一种行之有效的方式，其目标在于通过讲述榜样故事使得受教育者爱国情怀内化升华，培养真正意义上的爱国者。因此，榜样教育目标的完成情况一定程度上衡量着爱国主义教育的最终效果。[2]中共中央、国务院于2019年印发的《新时代爱国主义教育实施纲要》中就将"发挥先进典型的引领作用"[3]单列为营造爱国主义教育浓厚氛围的重要

---

① 王旭涛，孙翊超，刁金强.抗疫背景下社会榜样对青少年社会责任感的影响：人生目的的中介作用[J].教育测量与评价，2021（6）：57-64.

② 刘冰洁.榜样教育模式在爱国主义教育中的效用研究[D].烟台：鲁东大学，2017.

③ 中共中央 国务院印发《新时代爱国主义教育实施纲要》[EB/OL].（2019-11-12）.中国政府网，http://www.gov.cn/zhengce/2019-11/12/content_5451352.htm.

举措，从中可见，发挥模范人物的引领作用、讲好榜样的故事在整个爱国主义教育体系中的举足轻重的作用。然而现实中，仍然存在着一些讲好爱国主义教育榜样故事的难点，主要表现为爱国主义榜样教育目标的单一化、内容的片面化与方法的形式化。

（一）爱国主义榜样教育目标单一化

爱国主义榜样教育的目标在于通过宣传榜样的先进事迹，增强民族自尊心和自豪感，鼓励广大人民群众树立为国家和民族无私奉献的理想信念。这一目标的实现需要发挥人民群众的主动性与积极性，这就需要榜样教育对爱国主义精神的宣传应当以春风化雨的方式直入人心。然而在实践中，爱国主义榜样教育往往抱着完成任务的心态而忽视了激发人民爱国情感、满足人民精神需求的主要目标。目标单一化且脱离了人民的现实需求，反而会割裂模范榜样本身与社会大众之间的联系。自古以来人们对美好事物都有着无限向往，而榜样人物就是大众所追求理想的具象化，他们身上拥有的高尚的思想品质和热烈的爱国情怀必然会激起大众的思想共鸣。爱国主义榜样教育的主要作用在于以教育的统一化、系统化的力量激发大众内心深处被榜样所鼓舞的情感，更多的是在道德理念层面的指引。

过分单一强调榜样教育，将会出现人们在表面空喊口号模仿榜样，私下却不认同，并对榜样的高尚行为敬而远之的现象。无论是教育者还是被教育者都无法深入了解爱国主义榜样教育的深层内涵。爱国主义榜样教育不单单是一种知识灌输，更重要的是增进社会群体对祖国和榜样模范的情感认同，从而在不断学习榜样的过程中将爱国意识转化为理性的爱国行动，完成爱国主义教育的最终阶段。

（二）爱国主义榜样教育内容片面化

无论在哪个时代，榜样一定是先进性的代表，我们在选择榜样人物时更是优中选优，列举的榜样故事中的榜样往往是高大伟岸的形象，缺少对"生活中的英雄"的介绍。在当今时代背景下，我们需要通过弘扬主旋律来引导人民树立正确的人生观与价值观。但被过度拔高与神化的榜样，反而距离普通人的生活较远，使其敬而远之。榜样教育在我国已有五千年的历史，由于榜样的选择与存在都是一定历史条件的产物，榜样教育也不可避免地承担着政治教化的功能，各个年代涌现的英雄精神与榜样力量值得我们广为传颂，但是一味单调重复会使得榜样的概念被固化。比较单一的、缺乏层次性的传统爱国主义榜样教育内容无法适应目前多元价值观并存的现况，不能做到因材施教。以上传统的爱国主义榜样教育应存在于教育的起步阶段，对价值观形成阶段的青少年起到指引作用。但同时，后期的榜样教育应当具有鲜明的时代性，让人们在学习的过程中感受到亲近与亲切，以便更好地指导实践中的行动。

"伟大出自平凡，平凡造就伟大"①，只要有正确的价值观、坚定的理想信念加之不懈的奋斗努力，一切平凡的人都可以获得不平凡的人生，时代的进步要求更加鲜活的榜样，树立榜样不能仅仅列举礼仪规范和民族英雄方面的感性材料，符合时代特征的更具现实意义的榜样故事的深度和广度都值得再挖掘。以历史人物的榜样事迹作为学习的基础与起步内容，弘扬伟大的民族精神，同时通过对更具时代感的榜样的事迹的宣传，深化当代爱国主义的新内涵，让人们了解到爱国主义不仅仅是抽象的，仅存在于当时的历史阶段，而是具体的、永恒的，是需要当代人继续以实际行动加以弘扬的伟大的民族精神。

（三）爱国主义榜样教育方法形式化

教育方法是实现教育目的的策略和途径，在爱国主义榜样教育中起到了桥梁的作用，榜样教育绝对不能沦为一种机械化的教育。新时代爱国主义榜样教育的实践中，依然存在诸多方法上的问题，主要体现在方法流于形式。在当今社会，层次化和多样性的教育需求要求教育方法灵活多样，要求注重

---

① 习近平在国家勋章和国家荣誉称号颁授仪式上的讲话 [EB/OL].（2019-09-29）.人民网，http://jhsjk.people.cn/article/31380022.

教育本身的艺术性。目前的爱国主义榜样教育还大多集中在课堂中、会议上，以演讲、展览等形式为主的说教式方法虽能快速普及榜样事迹和巩固基础的理论知识、强化认识，但是自上而下的榜样教育模式以及纯粹的知识性说教显得单调和僵化，不够生动、形象，无法激发学习者的兴趣，从而导致教学者的教学激情下降。爱国主义榜样教育若成为固化的形式，则无法真正地激发人民对榜样的崇敬之情与学习热情，无法实现其真正的初衷与目标。

此外，随着网络信息技术的快速发展，现代教育越来越多地强调运用现代信息技术、开发教育资源、更新教学设备，运用数字化教学方式进行教学。但是目前爱国主义教育对新媒体技术的运用较少，资源整合不力，使得受众群体有限，长此以往不利于充分发挥榜样教育的效果。

二、讲好爱国主义教育榜样故事的策略

任何形式的教育都必须坚持认识、情感和行为三者的真正统一，爱国主义教育也是如此，爱国主义榜样教育目标既不能脱离政治，也不能脱离实际；不能仅仅限于学习任务，也不可停留于对历史英雄人物的机械性颂扬。要讲好新时代爱国主义教育榜样故事就要深挖当代榜样人物及先进团体的先锋事迹，提炼其中的精神以指导人们的言行。通过学习和模仿看得见的存在于现实生活中的榜样，新时代爱国主义榜样事迹将变得可观、可感、可模仿，才能逐步将爱国主义精神深入人心，实现爱国主义榜样教育的目的。所以在未来的爱国主义榜样教育中，要注重教育策略，优化教育方法，丰富教育内容，最大限度地激发受教者的爱国情感。

（一）不断丰富爱国主义榜样教育的内容

首先，在讲好爱国主义榜样故事的同时，要不断充实丰富教育内容。在爱国主义榜样故事教育过程中，要注重教育内容的高质量和多层次。首先就是要做到历史与现实相结合，爱国主义从来都不是抽象的，也永不过时。先进典型代表的产生一定有其特定的历史背景，他们是不同时代高尚品质的价

值载体。只有充分挖掘中华民族历史上的优秀榜样人物故事，感知其背后所蕴含的深刻爱国教育意义，选择和宣传满足时代特征的先锋人物故事，将"老故事"与"新时代"相结合，才能讲好老故事、唱响新时代。

其次，在宣传爱国主义榜样故事时要注意实事求是，呼吁生活化的英雄形象。"形象性是榜样教育与思政其他教育方法最显著的区别之一。"[1] 对于榜样的形象不能进行刻意的渲染与美化，真实、真诚、真挚的榜样教育最令人动容，刻意编织出近乎神化和完美化的人格具象会产生榜样与常人之间的隔阂。教育者需要站在受教育者的立场上，将榜样还原到真实的生活中，更多地选择榜样贴近生活、深入群众的片段，将灌输知识变为感性的情绪感染，以此呼唤起公众心中的爱国热情与责任。

最后，讲好爱国主义榜样故事需要更宽广的教育视野，深耕和细化榜样模范的分类。在中华民族的发展历史中，涌现出了大量为中华民族和中国人民作出贡献的英雄，其中既包括革命、建设、改革开放时期涌现出的英雄烈士和模范人物，也包括时代楷模、道德模范、最美人物和身边好人，还包括具有爱国情怀的地方先贤、知名人物等。不同的典型代表具有不同的精神、品质和灵魂，教育者需要根据受众群体的特点讲述不同典型代表的事迹，从身边人、身边事中学典型。此外，随着世界各国的联系日趋密切，中国人民与世界各国人民一道，正致力于共同推动构建人类命运共同体。国家有界而人的感情无界，榜样身后可歌可泣的故事和为人称道的人格总能引发群体的共鸣。同时，讲好爱国主义榜样故事，让承载着中国精神的榜样走向世界，让当代爱国主义精神成为中华儿女的一张名片。民族文化获得世界各国人民的认可无疑会加深对本民族文化的认同，增强民族自信心与自豪感。

（二）坚持优化爱国主义榜样教育的方式

爱国主义榜样教育始终是传递社会价值观念、实现社会稳定的重要工具，但只强调认识层面的理论灌输就会忽略情感和行为层次方面的理性与情感

---

[1]　刘冰洁.榜样教育模式在爱国主义教育中的效用研究[D].烟台：鲁东大学，2017.

的基础作用，无法实现全社会对爱国主义的认识、情感和行为相统一的榜样教育目标。当代新旧理念碰撞、中外文化交融，这就要求更为灵活和弹性的教育方式。在爱国主义榜样教育中，教育方法应当是多层次的，避免单一化。因此，首先我们要将隐性教育逐步融入爱国主义榜样教育的方式中，在传统的显性的自上而下的教育方式之外，以潜移默化的方式来提升被教育者的学习积极性，重视被教育主体的自身需求和主观能动性。渗透性的教育方式既激发了社会公众对于榜样人物的认同感，也使这种认同感更加深入、更为持久。

此外，我们要将传统教育方法与现代技术相结合，课堂讲授等传统方式可以快速地进行理论宣传，集中进行爱国主义教育，但是也容易变得流于形式。顺应时代性并不意味着全盘否定传统的教学方法，我们要高度重视它在理论导向上的积极作用。当然，也要看到传统方法的不足，如形式固化，缺乏新意，难以引发情感共鸣。因此，为了满足新时代爱国主义榜样教育的需求，在保留传统教育方式的优点之上，也要顺应时代潮流，遵循教学发展规律，对传统方法进行创新性变革，使其教育功能变得生动形象，易于接受，从而提升认可度、提高教学效率。随着社会信息化水平的不断提高，将爱国主义教育与信息化、媒体化、网络化技术相结合，利用新技术，积极搭建教育新平台，更广泛地对爱国主义榜样的故事进行传播；利用新媒体互动性和开放性强的特点，更深入地激发人们爱国的热情，增强爱国主义教育的效果。利用电影、互联网、现代教学技术的新兴方式，优化教育模式，给予新时代爱国主义榜样教育顺应时代潮流的长久不衰的力量。

三、讲好抗疫故事，发挥榜样力量

抗疫榜样先进事迹能够激发青少年钦佩的积极情绪。[①] 抗击新冠肺炎疫情期间涌现出来自各行各业的大量的时代英雄。在这场无硝烟的战争中，他

---

① 王旭涛，孙翊超，刁金强. 抗疫背景下社会榜样对青少年社会责任感的影响：人生目的的中介作用 [J]. 教育测量与评价，2021（6）：57-64.

们怀揣爱国主义的热情，挺身而出，勇敢地担负起保护国家安全、守护人民健康的使命，铸就了"生命至上、举国同心、舍生忘死、尊重科学、命运与共的伟大抗疫精神"①。

这是中华民族的爱国主义精神在新时代的鲜明体现，也应当成为新时代中国人所应当秉承的共同价值追求。我们需要通过讲述抗疫中榜样的感人的故事，传承好、发扬好、践行好伟大的抗疫精神，以其磅礴力量为实现中华民族伟大复兴的宏伟蓝图助力。

讲好抗疫故事引领远大的人生目标的实现。新冠肺炎疫情期间各行业都涌现出了表现出众的抗疫榜样：他们是白衣化甲、逆行出征的医务工作者；他们是闻令即动、勇挑重担的公安干警；他们是不惧风雨、坚守一线的基层干部。他们是平凡的人，却又用实际行动诠释着伟大的抗疫精神。

社会对伟大抗疫精神的推崇和认同，对抗疫英雄事迹的宣传与弘扬，能够促使每个人树立远大的人生目标和正确的信仰。心中有信仰，脚下有奋斗，"物有甘苦，尝之者识；道有夷险，履之者知"。在学习抗疫英雄的有苦不怕苦、有难不畏难的奋斗精神，以及舍生忘死，国家与人民利益至上的奉献精神之外，我们不应驰于空想，而是要在自身的岗位上，在未来的人生路上践行伟大的抗疫精神，为实现中华民族伟大复兴的中国梦作出应有的贡献。

讲好抗疫故事，深化新时代爱国主义精神。当今社会文化碰撞激烈，主流价值观也正面临着多元文化的冲击。抗击新冠肺炎疫情让人们深刻地意识到爱国主义具有鲜明的时代性，也让人们切身感受到身边存在许多符合时代潮流的爱国榜样。中华民族抗疫斗争伟大实践再次证明，中国人民所具有的不屈不挠的意志力，中华民族所具有的爱国主义精神，中国共产党所具有的无比坚强的领导力，是战胜前进道路上一切艰难险阻的力量源泉。抗疫之中涌现的先进榜样事迹，体现了中国人民上下同心、信念坚定、团

---

① 习近平. 在全国抗击新冠肺炎疫情表彰大会上的讲话 [N]. 人民日报，2020-09-09（02）.

结协作、顽强拼搏的优良品质，增强了新时代推进中国特色社会主义伟大事业的信心和决心。

第三节　国际视野下国民心态的涵养

当前，世界百年未有之大变局风云变幻，中国不可避免地成了浩浩荡荡世界格局中的一分子，国内国际风云激荡，构成了中国特色社会主义最为鲜明的时代语境。中国正置身于国际化浪潮中，世界政治、经济、文化不断交融与冲突。在此背景下，我们要深层次把握大国国民心态的特点，理解作为大国国民所应当具备的特质，这些特质既饱含着中国人民可以创造一切可能的志气，也蕴含着中国坚定走向世界舞台中央的底气，更有助于我们在把握世界百年未有之大变局的基础上，更加积极有为，用优秀的大国、强国国民心态，助力中华民族走上繁荣昌盛的伟大复兴之路。

一、新时代国民心态的主要特征

随着我国国际地位和综合实力的不断提升，中国以全新的姿态出现在世人面前，逐渐走向国际舞台的中心。随之而来的是我国的国民心态也发生了前所未有的变化，因此，国际格局和国际视野之下的国民心态也成为了我国可持续发展的重点关注对象。"国民心态"就是国民在日常生活中特别是面对重大事件或者突发事件时所普遍呈现的认识倾向、心理倾向、情感倾向。健康的国民心态，是促进个人、社会、国家发展进步的重要心理基础，是国家文化软实力的重要组成部分。[①] 因此，健康的国民心态不仅是国家发展程度的一个重要指标，对于国家的发展来说也是一个相当大的助力，国家发展与国民心态的发展是相辅相成、互相成就的。《新时代爱国主义教育实施纲要》指出，要"涵养积极进取开放包容理性平和的国民心态"[②]。新时代国民心态涵养的四重维度，即：

① 任理轩.积极培育健康的国民心态 [N].人民日报，2010-07-12（07）.

② 新时代爱国主义教育实施纲要 [M].北京：人民出版社，2019：17-18.

（一）在对国家和民族的充分认同中涵养自尊自信的国民心态

自尊自信是自我尊重和自我相信两种心态的结合。一个人只有具备自尊自信的心态才能获得他人的尊重，才能走向成功；一个国家只有自尊自信才能自强，才能获得国民的认可，才能屹立于世界民族之林。这种心态是国民对于自己国家、民族、社会及自身发展状态的一种积极、正向的心理状态，是对于国家未来发展的肯定和信心，是对目前社会发展模式的充分认同。

实践证明，我们国家近一百年来取得了以往任何时候都难以企及的成就，经济、科技实力大幅提升，社会进步，人民安居乐业，中华民族最有理由成为最自信的民族，中国人民最有理由成为最自信的国民。纵向来看，中国共产党成立 101 周年，我国社会主义建设取得了显著成绩，在各方面都实现了突飞猛进的发展。横向来看，与其他国家的发展相比，中国特色社会主义制度和中国特色社会主义道路都显示出了极大的优越性。2020 年新冠肺炎疫情出现后，在中国共产党的领导下，中国人民团结一致、万众一心，迅速遏制了疫情的蔓延，在全球抗疫民众满意度调查中的国民满意度最高。

但是，我们也要避免自卑与自大两种心态的产生。自卑是对自我的怀疑和否定，国民心态的自卑是对本民族发展过程的否定，是一种自我抛弃，民族虚无主义和历史虚无主义的言论就由此衍生而来。为了克服这种消极情绪，我们要深刻理解"前途是光明的，道路是曲折的"①的道理，要以长远的眼光看待事物和国家的发展，不能因一时的失利就产生畏难和自卑情绪。自大是以自我为中心，表现为"极端民族主义"等。虽然我们目前已经取得了历史性的成就，但仍然要保持清醒的头脑，看到发展过程中的缺陷和不足，做到自尊而不自负，自信而不自傲。

（二）在对美好生活的向往和奋斗中涵养积极进取的国民心态

积极是一种正面、向上的心态，进取表明向着明确的目标不断努力的行

---

① 习近平在纪念毛泽东同志诞辰 120 周年座谈会上的讲话 [EB/OL].（2013–12–26）. http://jhsjk.people.cn/article/23952651.

为态度。积极进取则意味着有坚定不移的奋斗目标和为此永不懈怠的奋斗姿态。积极进取的国民心态表明国民对于国家的未来发展有着清晰的目标并且已经做好了为实现理想昂扬奋斗的意志，是国家发展具有勃勃生机的精神源泉。习近平总书记指出："实现我们确立的奋斗目标，我们既要有'乱云飞渡仍从容'的战略定力，又要有'不到长城非好汉'的进取精神。"①

一个国家、一个民族，只有时刻保持积极进取的心态，才能在激荡的国际局势和激烈的国际竞争中立于不败之地。而这样积极进取的国家需要每一位积极进取的国民作为分子和支撑，需要形成乐观向上、锐意进取的社会氛围和国民心态。一代代科技工作者在实验室埋头苦干的身影、一位位体育健儿在赛场上奋力拼搏的身姿、一名名学子为了中华崛起而读书的刻苦背影……这些中华民族的优秀儿女，都在以自己独有的方式积极进取，奋发向上，他们像溪流一般以昂扬的姿态最后汇入祖国建设的汪洋大海。

（三）在对合作共赢战略的深化理解中涵养开放包容的国民心态

开放与包容不仅体现在一个国家对其他国家的外交态度上，更体现在每一位国民的内心深处，意味着民众对除自己国家文化以外的其他文化都秉承着开放的态度，对来自他方的言论与做法有着明晰的认识，取其精华去其糟粕，虚心接受正确的意见和建议，趋利避害，张弛有度。开放包容的国民心态是一种坚持全球视野、对外开放、合作共赢的心理状态。

"当今世界正面临百年未有之大变局……与此同时也必然迎来文化理念、思想观点、意识形态、文明类型诸多方面的互鉴互融互通和交流交汇交锋。"②大趋势不可逆转，文化也因为多样和交流才变得更加精彩，在保持战略定力的基础上，我们要以更加开放的心态去面对来自不同地区的意识形态和思想与文化的冲击。"海纳百川，有容乃大"，要用包容的大国姿态去

---

① 中共中央文献研究室. 十八大以来重要文献选编（上）[M]. 北京：中央文献出版社，2014：701.

② 徐川，余聪. 以爱国主义教育涵养国民心态 [N]. 光明日报，2019-11-19（02）.

回应世界潮流的激荡，主动适应变化，走向世界、融入世界。

改革开放铸就了伟大的"改革开放精神"，这也是我们宝贵的民族精神之一，已经深深融入了当代每一位中华儿女的心灵深处。自改革开放以来，我们国家取得了令其他国家叹为观止的历史性成就，"开放""包容"已经成了改革开放精神的精神内核。在未来的发展中，我们要继续保持这种和平发展、合作共赢的心态，尊重差异，对赞美和批评之声都能够客观看待，入耳入心。近年来，我国不断深化"一带一路"的内涵，沿线国家都因"一带一路"受益，享受到其所带来的经济效益和文化交流成果，这就是开放包容心态的一种直接体现，是以中国方案彰显"美美与共，天下大同"的世界观。

（四）在对国际局势的清醒认知中涵养理性平和的国民心态

理性与感性相对，是一种理智地客观地看待事物、分析事物的态度；平和是一种处世之道，强调了在处理事情时能够平心静气，不情绪化。涵养理性平和的心态，是一种"不以物喜、不以己悲"的宠辱不惊，意味着理智清醒的眼光和对大方向的把握，不患得患失。

理性国民心态是一种求实、稳定、严谨的态度。这表现为在处理国内、国际事务时要时刻保持连续性，有自己一以贯之的坚守，不因外部环境的改变和一时的得失而随波逐流。在目前国际局势下，世界范围内出现越来越多的不稳定性、不确定性因素，国内也面临着各种前所未有的风险挑战，我们更需要国民修炼理性平和的心态，以便于应对各种各样突如其来的挑战与困境。

二、国际化对国民心态的影响

当今社会，国际化浪潮浩浩荡荡，不可逆转。世界上各个国家之间的文化、经济、政治、生态等方面逐渐趋于融合，最终形成一种国际化环境。不论一个国家、一个民族乃至一个人愿意与否，都将不可避免地参与到国际化的进程中来。我们无时无刻不在接收和传递着国际信息，信息传播的国际化趋势，直接或者间接地造成了其他领域的国际化发展，共同促成了各国文明的国际化趋势。"对待不同文明，我们需要比天空更宽阔的胸怀。文明如水，润物无声。我们应该推动不同文明相互尊重、和谐共处，让文明交流互鉴成为增进各国人民友谊的桥梁、推动人类社会进步的动力、维护世界和平的纽带。"[①] 国际化使得不同的文明交流碰撞，从而对国民心态也产生了不同维度的影响。

国际化更凸显了中华民族国民心态的优越性。中华民族有着几千年的文明发展史，在长期的历史进程和积淀中孕育出了宝贵的民族精神财富，这些民族意识、民族性格、民族信仰、民族价值观念和价值追求所展现的优秀国民特质体现了中华民族生生不息的生命力、创造力和凝聚力。自古以来，中华民族的国民心态就兼具历史继承性和时代性、开放性，在历史的长河中其光彩不仅没有泯灭，反而随着时间的流逝更显得熠熠生辉。例如"天将降大任于斯人也，必先苦其心志"的艰苦奋斗精神，"天下兴亡，匹夫有责"的爱国主义情怀，"不以物喜，不以己悲"的理性态度，"求同存异"的和谐理念，"天下为公"的大同思想，"与邻为善"的包容心态，等等。民族精神生生不息，当前所说的大国国民心态，其实大都可以从中华民族光辉灿烂的历史中找到根源。新中国的成立使中国人民重新站了起来，使中华民族摆脱了奴役和压迫，成为国家的主人；改革开放后，我国社会生产力水平飞速发展，国民生活水平大幅改善，国际话语权也显著增强。这些积极的转变成了一种催化剂，极大地激发了我国国民的民族自信心，巩固了我国自古以来的优秀国民心态，使之得到更好的传承与发扬。

然而，任何事物都具有两面性，国际化的过程也是泥沙俱下的，开放不仅会传播优质的文化，也会带来消极的文化。一些文化垃圾可能会和广义民族精神中消极、落后的因素相结合，从而对国民心态产生一些消极影响。古

---

① 习近平在联合国教科文组织总部的演讲 [EB/OL].（2014–03–28）. http://www.xinhuanet. com/politics/2014–03/28/c_119982831.htm.

代"重农抑商"思想的消极影响，使我国错过了第一、二次科技革命的世界潮流，很长一段时间都落后于世界文明的发展，特别是 1840 年到 1949 年间，我国长期处于水深火热的混乱之下，列强的欺辱、国内政权的反复变更、广大民众流离失所，严重摧残了我国国民的民族自豪感，在国民心中留下"国之不国、何以为家"的阴影。复兴之路开启之后，虽然在很大程度上国民意识有所恢复，但是受那段黑暗的历史影响，仍有一部分国民对于本国的发展抱以不自信的态度。此外，如今的社会转型是一个极为复杂的过程，必然会触及一些深层次的矛盾和问题。这些都是正常现象，任何一个国家、任何一种制度在发展过程中都难以避免，但部分国民却将其归结为我国自身的问题，这就是自卑心态的反映。

无论什么样的意识形态都建立在经济基础之上，健康的国民心态也必须要有塑造其形成的基础，那就是一个强大的国家。只有背后的国家强盛，它的国民才会有更加积极向上、乐观自信的国民心态。相较于日益增强的"硬实力"而言，国民心态是一种"软实力"，随着"硬实力"的增强，中国人民的国民心态正一步步向着好的方向转变，最终朝着大国心态的方向迈进。

三、涵养积极进取开放包容理性平和的国民心态

（一）进一步提升社会生产力，改善国民生活水平

"仓廪实而知礼节，衣食足而知荣辱。"精神文明发展和经济建设之间的关系不言而喻，国民心态正向发展必定是建立在物质生活的满足上，也就是说综合国力的提升和经济的繁荣发展是一个国家国民心态发展的基础。除此之外，社会发展程度譬如社会福利、社会公正等也是国民心态健康发展的保障。因此，培育健康的国民心态，要将大力发展生产力作为第一要务，国民在强大的综合国力和经济实力之下必定会由衷地产生大国、强国意识，自发地产生民族自尊心和自豪感，以此为基础，更有利于培育各种不同维度的积极国民心态。

（二）促进社会公平正义，营造稳定的社会环境

如果说综合国力和经济水平是根系，那么社会环境就是枝叶，二者对于国民心态的涵养都是不可或缺的。稳定社会环境的维护需要各种各样的工具，例如，用法治来保障社会公平正义，用福利、保险等各种制度来维护社会和谐、营造良好的社会氛围。人心的理性平和，也源于公平、规范、法治的社会治理环境。只有依法施政、公正平等，让每一个个体从社会治理中感受到公平正义，人们才会心平气顺，保持良好心态。要以法治促进正义的实现，建立以宪法为核心的社会主义法治体系，完善与民生息息相关的部门法，让人民群众在司法中感受到公平正义。法治是社会治理的最后一道防线，因此除了法治以外还要大力构建社会公平保障体系，完善分配方式和竞争机制，让国民有更多获得感、幸福感、安全感。

（三）注重爱国主义教育引导，提升思想道德素质

健康的国民心态往往需要外力加以引导，道德素质的培养、爱国主义教育、社会主义核心价值观的塑造就是国民心态涵养的养料。应当形成育人合力，发挥各个教育主体的不同优势，使国民在人生发展的不同阶段都能够接受恰当的教育，从而形成正确的价值观和人生观。在人生初始阶段，家庭要担负起教育职责；入学后教师要因人制宜安排培养计划，提高学生的思想道德水平；社会也要发挥自身的环境作用，用良好的社会氛围反推公民素质的提高。此外，在开展教育引导的过程中，应不断创新形式和手段，如高校思政课的创新、爱国主义教育基地的运用、开展新颖的各种主题活动等。

（四）加强大国心态的积极宣传，充分发挥媒体作用

第三次科技革命之后，网络媒体得到了迅速发展，随着 5G 时代的到来，信息技术愈发显示出它的强大威力。言论的自由使得一个人、一群人的心态通过信息化得到更为迅猛的扩张，价值观更容易得到输出并被接受。这样的情况有着积极的一面，有利于集体意识的形成，强化国民的凝聚力。但是任

何事物都是一把双刃剑，一些消极国民心态同样也得到了快速传播，如在近年来常发生的"网络暴力"事件，人们在不知不觉中成了传播者，成了推波助澜的帮凶。这些都不利于健康国民心态的涵养，因此，我们要加强对优秀国民心态的积极宣传，发挥媒体的积极作用。

第四节　爱国主义教育的法治保障

中共中央国务院印发的《新时代爱国主义教育实施纲要》（简称《纲要》）明确强调了对新时代爱国主义教育"强化制度和法治保障"的重要性。① 通过相关法律法规和政策制度对爱国主义教育进行规范和调整，将爱国主义教育的内在要求以外化为法律的形式进行规范与保障，推动了爱国主义教育实践的具体化、法定化。自党的十八大以来，"爱国"在不同的场合以不同的方式被提及，逐渐在人民的日常学习、工作和生活中得到强化与深化。习近平总书记在纪念五四运动 100 周年大会上的讲话提出："爱国主义自古以来就流淌在中华民族血脉之中，去不掉，打不破，灭不了。"② 爱国主义作为中华民族绵延发展、悠久漫长的历史长河中永恒的主旋律，在不同的历史时期呈现不同的内涵，因此爱国主义教育也相应地被赋予了不同的历史使命。站在新的历史方位上，新时代的爱国主义教育应当沿着中国特色社会主义这一主线，围绕实现中华民族伟大复兴中国梦的主题，将包含着新时代历久弥新的爱国主义精神的种子播种在每一个中华儿女的心中。但不可否认的是，当前经济与科技迅速发展，全球化浪潮迅猛推进的时代背景为爱国主义教育提供了多元化途径的发展机遇，也带来了多方面的冲击。而为了有效应对新时代爱国主义教育所遇到的挑战与阻碍，有必要通过法治的方式予以引导和规制。在积极推进社会主义核心价值观与法治一体化建设的过程中，法治对

---

① 中共中央 国务院印发《新时代爱国主义教育实施纲要》[EB/OL].（2019-11-12）. 中国政府网，http://www.gov.cn/zhengce/2019-11/12/content_5451352.htm.

② 习近平 . 在纪念五四运动 100 周年大会上的讲话 [EB/OL].（2019-04-30）. 新华网，http://www.xinhuanet.com/politics/leaders/2019-04/30/c_1124440193.htm.

于爱国主义教育有独特的意义与价值，法治引导了爱国主义教育的价值取向、保障了爱国主义教育的规范表达、为爱国主义教育营造了良好环境。同时，在"全面依法治国"的总目标"建设中国特色社会主义法治体系"的时代背景下，建构起以宪法认同为核心，以法律法规确立和强化爱国主义教育价值观并以严格的执法和司法保障和落实爱国主义教育实践的解决途径，这是唤起法治的力量保障爱国主义教育的制度化、规范化的需要，也是新时代建设社会主义法治国家，在法治轨道上推进与实现国家治理体系和治理能力现代化的需要。

一、爱国主义教育融入法治建设的必要性

"爱国主义是常写常新的主题"[①]，爱国主义教育在不同时代应当有不同的主题。只有体现鲜明时代特征和顺应时代潮流的爱国主义教育才能确保持续地弘扬伟大的民族精神与时代精神。党的十九大对深化依法治国实践的统筹推进进行了全面部署，开启了在新时代全面依法治国的新篇章，爱国主义教育也应当跟上时代的步伐，通过法治的保障为自身注入发展的活力。同时，目前的爱国主义教育在全球化浪潮和我国深化改革开放的历史进程中面临着来自多方面的挑战与冲击，这加强了将爱国主义教育纳入法治化、制度化的轨道的紧迫性与必要性。

一方面，爱国主义教育主要面临的现实挑战来自享乐主义、个人主义及历史虚无主义，这导致了少部分人的爱国主义情感的弱化与消解以及受极端情绪的趋势影响而产生狭隘的非理性爱国主义。当下，仍有少数人爱国主义意识淡薄，对何为爱国、如何爱国仍存在"精神上的迷茫、认同上的混乱、价值上的偏差、行为上的失序"[②]。由于社会主义市场经济的发展在客观上显著提升和改善了人民的生活水平，但同时也为享乐主义和个人主义的抬头

---

① 习近平在文艺工作座谈会上的讲话[N]. 人民日报，2015-10-15（02）.

② 甄奇. 人民网评：让爱国主义在每个年轻人心中都落地生根[EB/OL].（2019-11-13）. http://opinion.people.com.cn/n1/2019/1113/c1003-31453927.html.

提供了物质条件和社会环境，部分人过度崇尚物质追求，而忽视了精神境界的提高，从而导致其信仰的逐渐弱化及爱国主义情感的淡薄。我们还需警惕历史虚无主义，有的人以"还原历史真相"为名，强行歪曲历史，调侃、辱没甚至丑化历史英雄人物，在旅游时损毁珍贵的文物或地理资源，甚至在网络社交平台泄露国家机密信息，在日常生活中做出有辱国旗国歌的行为，以此寻求哗众取宠的自我享受或追求获取个人利益的利己主义。此外，需要注意的是，爱国主义行为有理性与非理性两种类型。用法治保护爱国主义行为，既包含以法治来支持理性的爱国主义行为，也包含通过法治来否定非理性的爱国主义行为。在现实中，小部分人曲解了爱国主义的正确内涵，忽视了全面依法治国下爱国主义的时代价值，在爱国主义观念中夹杂了极端民族主义等非理性的因素。对"爱国"进行滥用和误用，甚至借"爱国"之名采取侵犯个人权益、扰乱社会秩序、损害国家形象的行为。

另一方面，爱国主义教育自身的发展模式与运行机制也需要法律进行指引与规范。在内容上，爱国主义教育对弘扬与爱国主义精神相关的法治内容宣传较少，尤其建立在非系统化、非完整性、非长期性的爱国主义教育发展系统与机制之上，容易将接受教育的群众的朴素的爱国感情引向非理性的行为。此外，部分地区应付突发事件的教育方法具有浓厚的形式主义色彩，并未从根本上让大众树立依法爱国的价值观，从而导致部分人的法治意识淡薄，认为爱国主义总是具有法律超越性、绝对优先性甚至超越一切的价值，进而对爱国情感的表达欠缺理性，做出不恰当的行为。另外，爱国主义教育形式较为单调固化。目前，少数高校爱国主义教育单纯依靠思想政治理论课的课堂填鸭式教学，更多的是一种常识性知识的讲解，导致学生的学习兴趣较低，无法激发与深化对爱国主义的深层理解与领悟。同时，由于爱国主义教育中对相关法律法规的融入较少，致使小部分学生无法形成全面、合理的爱国主义法治观念，在实践中无法合理合法地将爱国主义理论转化为实际行动。

二、法治对新时代爱国主义教育的独特意义

古人云："大智治制，中智治人，小智治事。"制度的优势在于其稳定性与长期性。将新时代爱国主义教育融入完善的政策制度和法律法规之中，以法律蕴含的价值观引导和明确爱国主义的价值取向，以刚性的方式约束和规范爱国主义教育行为，同时在法治社会的良好氛围里促进其发展。在法治的轨道上，真正地将爱国主义教育所蕴含的合理爱国感情从单纯的道德层面转换为行之有效的客观行为标准。以法治刚柔并济的独特优势，激发爱国主义教育促进人们知行统一的力量。

（一）法治引导了爱国主义教育的价值取向

法律具有引导性，法治对于爱国主义教育所蕴含的价值取向具有引领作用。习近平总书记指出："核心价值观，其实就是一种德，既是个人的德，也是一种大德，就是国家的德、社会的德。"[①]"爱国"作为个人层面的核心价值观之一，每个人的心中都有不同的理解。所以需要由更高层面的"大德"对其价值取向进行一定的引领。通过法律原则的宏观指导性倡导爱国情感的统一认识，以法律规则的稳定性优势强调爱国行为的具体标准，才能以法治激发爱国情感，以法治凝聚爱国力量。法律并不仅仅是冰冷的逻辑，更是一种被人民普遍承认的价值观体现。法治与爱国精神的关系密切，因为爱国与法律从诞生起就具有的精神性的内在追求紧密相连，爱国是法律所蕴含的重要的精神原则之一。另外，法治精神与爱国主义教育的基本属性高度契合，法律是伴随国家起源而诞生的产物，是国家政治高度发展的表现；而爱国是当今中国重大的政治原则之一。所以说，无论在精神层面还是政治生活层面，爱国主义都需要体现于法治之中。此外，中共中央办公厅国务院办公厅印发《关于进一步把社会主义核心价值观融入法治建设的指导意见》的通知，要求把社会主义核心价值观的要求体现到宪法法律之中，转化为具有刚

---

① 习近平.青年要自觉践行社会主义核心价值观——在北京大学师生座谈会上的讲话[EB/OL].（2014-05-05），http://cpc.people.com.cn/n/2014/0505/c64094-24973220.html.

性约束力的法律方式。① 爱国作为社会主义核心价值观的要素之一，理应融入全面依法治国背景下的法治建设之中去，通过法治在社会层面上的倡导与引领，从价值维度上激发人们对爱国主义的认同感与自豪感，为爱国主义教育注入蓬勃发展的动力。善于应用法治思维和法治方式，更加有效地发挥利用法治在价值观方向的引导向善作用，将爱国主义教育全面、深入地融入法治建设中应当成为新时代爱国主义教育的重要课题。

（二）法治保障了爱国主义教育的规范表达

法律具有强制性，法治对爱国主义教育具有规范作用。爱国主义教育作为当前思想政治教育的重要内容，属于社会关系的一类，理应自觉接受法律的调整与法律的评价。法治对规范爱国主义教育的作用体现在对爱国主义教育的内容的调整和爱国主义教育的形式的规定两方面。首先，对于爱国主义教育的内容来说，法律将爱国主义精神从传统的道德层面转化为具体的法律权利和法律义务，对人们爱国行为在法律框架内进行统一规范与调整。法治将爱国主义精神的新时代内涵外化为具体的法律规范，是实现形式正义与实质正义的统一的要求。法律泾渭分明的评价有助于鼓励合法合理的爱国主义的表达，并使非理性的爱国活动受到法律的否定评价与制裁，使全社会形成以法治为标准进行爱国行为价值评价的统一规范，从而引导人民群众爱国主义表达的常态化、理性化、合法化。此外，对于爱国主义教育的形式，法治也应当发挥其规范作用。承担着爱国主义教育主要任务的机构应当依据法律及规章制度的要求恪守其职责，依法依规开展爱国主义教育活动。扭转传统爱国主义思想政治教育的"说教式""刻板化""形式化"印象，让在法律法规有效规范下的爱国主义教育"深入化""多样化""常态化"。对于承担爱国主义教育任务的主要机构及其活动的规范，相关法律制度在完善管理

---

① 中共中央办公厅 国务院办公厅印发《关于进一步把社会主义核心价值观融入法治建设的指导意见》[EB/OL].（2016-12-25）.http://www.xinhuanet.com/politics/2016-12/25/c_1120183974.htm.

机制、创新教育方式及提升服务水平等方面还有进一步发展的空间。

（三）法治为爱国主义教育营造了良好环境

法治为爱国主义教育这一新时代思想教育的重要课题营造了良好的社会氛围，为爱国主义教育的有效实施保驾护航，推动形成爱国主义教育的长效机制。当前，伴随着全球化浪潮的席卷，社会思想趋向多样，当前社会存在着传统的思想观念与现代价值取向相互碰撞，本土文化与外来文化交织交融。在这样思潮纷繁复杂的社会环境下，把新时代爱国主义教育融入法治建设的要求更加迫切。我们需要以法治承载并发扬以爱国主义为核心的伟大的民族精神，通过发挥社会主义法治在凝魂聚气、强基固本中的独特作用，在全社会营造安全、文明、和谐的良好氛围，为爱国主义教育培育发展与传播的土壤，推进爱国主义教育制度化、规范化。通过在新时代社会主义法治建设中倡导和鼓励符合法律法规要求的爱国主义行为的同时，加大对蓄意破坏爱国主义教育活动，反党、反社会主义、反对爱国主义言行的打击力度，切实营造弘扬爱国主义教育的良性生态，奏响爱国主义主旋律。卢梭说过，一切法律中最重要的法律，既不是刻在大理石上，也不是刻在铜表上，而是铭刻在公民的内心里。① 通过在全社会营造尊崇宪法和法律权威的氛围，强化人民的法治思维，促进人们自觉遵守与爱国主义相关的法律法规，推动爱国主义教育的有效发展。在"要坚持全面推进科学立法、严格执法、公正司法、全民守法"② 的良好法治氛围下，通过加强新时代的爱国主义教育，让人们把承载着爱国主义内核的法治观念与法治意识内化于心、外化于行，使得合理的爱国行为成为一种生活方式、一种行为习惯。

---

① [法]卢梭.社会契约论[M].何兆武，译，北京：商务印书馆，2003.
② 习近平在中央全面依法治国工作会议上强调　坚定不移走中国特色社会主义法治道路为全面建设社会主义现代化国家提供有力法治保障[N].人民日报，2020-11-18（01）.

三、中国特色社会主义法治体系下爱国主义教育的实践

习近平总书记认为："必须把爱国主义教育作为永恒主题。要把爱国主义教育贯穿国民教育和精神文明建设全过程。"① 构建、完善新时代蕴含爱国主义的法律体系，是保持当代中国爱国主义鲜明主题永恒性的必要途径。宪法是时代主流价值的核心和象征，公民的宪法认同构成了社会团结和国家统一的基础。宪法作为根本大法，为爱国主义精神的弘扬凝聚了中华民族的爱国力量，体现了爱国主义精神的永恒性。自宪法以降，各类法律法规、市民公约、学生守则，无一不体现着爱国主义的这一核心价值观的重要性。这些规定通过法律权利与义务的强制性使得"爱国"成为具体的普遍行为规范而非存在于道德层面的偶尔善行。② 同时，通过执法与司法对宪法及相关法律法规的落实，使爱国主义教育以法律保障的形式真正地走入公民日常生活，以真理为新时代爱国主义教育开掘实践进路，倡导知行合一，推动将爱国之情、报国之志转化为实际行动。

（一）以宪法认同为核心推进新时代爱国主义教育

要将新时代爱国主义教育贯彻到社会主义法治体系的方方面面，必须在根本大法中寻求宪法认同。宪法开篇序言即道来中华人民共和国灿烂辉煌的历史——"中国是世界上历史最悠久的国家之一。中国各族人民共同创造了光辉灿烂的文化，具有光荣的革命传统。"③ 警醒我们认清现在所处的新方位，同时正视过往，认真总结经验和教训，继续发扬中华民族一以贯之的爱国主义的热情，勇担爱国之责。以宪法认同为核心统筹推进爱国主义教育，宣明其重要性与必要性，有利于建立起其在母法中的权威和认同感，以法治观塑

---

① 习近平主持中共中央政治局第二十九次集体学习 [EB/OL].（2015–12–30）. 新华网，http://www.xinhuanet.com/politics/2015–12/30/c_1117631083.htm.

② 陈融. 论将爱国主义融入法治建设的逻辑理据与实践策略 [J]. 思想理论教育，2019（9）：22–27.

③ （两会授权发布）中华人民共和国宪法 [EB/OL].（2018–03–22）. http://www.xinhuanet.com/politics/2018lh/2018–03/22/c_1122572202_2.htm.

造和引导正确的爱国行为观。《纲要》所要求的新时代爱国主义教育的基本内容和现行宪法的基本原则与主要内容彼此相互联系、相互呼应，因此加强宪法的学习宣传，将宪法精神融入爱国主义教育之中，可以让新时代爱国主义教育的基本内容有法可依、有章可循，焕发出新时代的强大力量。

我国宪法规定的公民基本权利义务中，通过禁止性规范和义务性规范形式将爱国主义从思想理念层面贯彻到政策制度之中。如义务性规范包括，"公民有维护国家统一和全国各民族团结的义务"，"公民必须遵守宪法和法律，保守国家秘密，爱护公共财产"，"公民有维护祖国的安全、荣誉和利益的义务"；也有体现爱国主义的禁止性条款，如"禁止任何组织或者个人用任何手段侵占或者破坏国家的和集体的财产"，"公民在行使自由和权利的时候，不得损害国家的、社会的、集体的利益和其他公民的合法的自由和权利"。爱国主义与爱党、爱社会主义具有高度一致性，"只有坚持爱国和爱党、爱社会主义相统一，爱国主义才是鲜活的、真实的"[1]。我国宪法在"总纲"即开宗明义地指出："社会主义制度是中华人民共和国的根本制度。"通过对社会主义制度和中国共产党领导的坚持和弘扬，在全社会达成以制度认同和价值认同为基础的宪法认同，由此深化新时代爱国主义教育的内涵与本质。宪法对国家制度和中国共产党领导的确认是建立在爱国主义精神之上的，又是对以爱国主义精神为核心的民族精神的具体阐释。同时，既要在理论层面高度重视宪法对爱国主义的规定、弘扬和保障，也要充分落实到实践活动中，"深入开掘以宪法认同为核心的新时代爱国主义教育这一值得尝试的实践进路"[2]。

（二）以法律法规确立和强化爱国主义教育价值观

以法治保障爱国主义教育之发展，首先要坚持立法先行，确保将爱国

[1] 习近平主持中共中央政治局第二十九次集体学习 [EB/OL].（2015–12–30）.新华网，http://www.xinhuanet.com/politics/2015–12/30/c_1117631083.htm.

[2] 刘丹.新时代爱国主义教育的宪法之维 [J].中国教育学刊，2020（9）：82–86.

主义精神融入相关法律法规和政策制度中去。首先，党的十八大以来，党中央高度重视关于倡导爱国主义方面的立法，例如制定《国歌法》《国家勋章和国家荣誉称号法》《英雄烈士保护法》等重要法律，修改《国旗法》，对尊重国家象征和标志进行强化，形成维护国家尊严和形象的意识和社会氛围。此外，对爱国主义教育的内容要求也被引入各类教育类法律之中，例如，《中华人民共和国国防教育法》《中华人民共和国教育法》《中华人民共和国义务教育法》等，在法律的目标原则上对爱国主义教育的内涵进行弘扬，对其内容与形式进行具体化规定，使其有规可循。此外，"礼仪是宣示价值观、教化人民的有效方式……一些重大礼仪活动要上升到国家层面，以发挥其社会教化作用。"①通过以法律法规确立长期化的固定化的爱国仪式、爱国主义活动，将其作为新时代爱国主义教育的重要载体，为爱国主义教育创造优良契机，开拓独特渠道。全国人大常委会以专门的规范性文件确立了国家宪法日（12月4日）、烈士纪念日（9月30日）、中国人民抗日战争胜利纪念日（9月3日）、南京大屠杀死难者国家公祭日（12月13日）、国家安全教育日（4月15日）等，以弘扬精神文明建设的主旋律，激发中华儿女的爱国热情、凝聚伟大的人民力量、培育伟大的民族精神。

（三）以执法和司法保障和落实爱国主义教育实施

徒善不足以为政，徒法不能以自行，良法必须经过严格执行才能发挥其应有的作用。最终爱国主义所指对象——国家利益的保全与实现还紧紧依赖着执法力量。《纲要》强调："要严格执法司法、推进依法治理，综合运用行政、法律等手段。"②这一规定一方面强调了在运用手段上，要综合行政

---

① 中共中央文献研究室 . 习近平关于社会主义文化建设论述摘编 [M]. 北京：中央文献出版社，2017：110.

② 中共中央　国务院印发《新时代爱国主义教育实施纲要》[EB/OL]. 人民日报，2019–11–12，第 31 条，http://www.gov.cn/zhengce/2019–11/12/content_5451352.htm.

和法律双重力量，加强对于爱国主义教育氛围塑造的保障；另一方面对于违反爱国主义要求的重点行为进行了关注，这也是未来围绕爱国主义相关执法和司法的重点。首先，就爱国主义教育本身而言，实施爱国主义教育的相关主体特别是教育机构，要深刻认识到爱国主义教育的权威性、严肃性，认识到爱国主义教育是新时代必须开展的常态化教育活动；同时，要转变传统爱国主义教育的内容、形式固化的思维习惯与行为方式。过去爱国主义教育的目标主要指向道德层面的感化，教育的内容和方式也集中于培养人们的爱国主义情感，这固然是人们爱国主义精神的迸发之源，但当代爱国主义教育仅限于民族道德情感的培育已远远不够，还要增加家国认同的政治意识和法律责任等培育目标，这是新时代爱国主义教育不可或缺的内容。在形式方面，应该以合法性为首要前提，必须依照法律法规的规定选择合法的教育方式。并在合法的基础上对形式进行创新性发展，丰富爱国主义教育的活动方式。再者，爱国主义教育是关系国家利益的社会公益性活动，实施主体包括校内外组织、爱国主义教育基地等社会组织，涉及的多为行政法律关系，教育机构、社会组织从事爱国主义教育活动应当受到执法主体也即有关行政部门的监管，政府部门在授权或命令社会组织从事爱国主义教育的权利和义务后，政府执法管理应当排除爱国主义教育的各种干扰，积极促进爱国主义教育为法律责任。[①] 在司法方面，要依法对破坏和阻碍爱国主义教育的不法行为进行惩罚，发挥司法的警示与教育作用，保障爱国主义教育在法治轨道下良好运行。

---

① 中共中央 国务院印发《新时代爱国主义教育实施纲要》[EB/OL].（2019-11-12）.中国政府网，http://www.gov.cn/zhengce/2019-11/12/content_5451352.htm.

第六章　新时代爱国主义教育的实践创新

党的十八大以来，在爱国主义教育创新理论的指引下，爱国主义教育实践进行了种种探索。在实践载体方面，建设和完善新时代爱国主义教育基地，不仅加大了对博物馆、纪念馆和烈士陵园等人文设施的建设投入，还将风景名胜与革命旧址相结合，大力开发红色旅游资源。同时，为推动爱国主义传承和创新，创建校企联动的爱国教育平台，使学校师生和企业员工在生产实践中切实感受爱国主义。完善大学生志愿服务队伍，建立一个以爱国主义为宗旨的志愿服务组织。在实践活动方面，坚持以正确价值观引导活动开办，加强对高校学生的中华民族历史教育和民族团结教育。通过革新思维、创新机制和创新模式等手段，打造新时代高质量爱国主义课堂。开展建党纪念、建国纪念和"五四"精神宣讲等实践活动，强化大学生爱国精神。

第一节　爱国主义教育实践载体的丰富

爱国主义教育载体是沟通爱国主义教育主客体的桥梁，它包含了教育过程中承载和传递爱国精神的各种活动形式和物质实体。开展爱国主义教育，需要形式各样的爱国主义教育载体。新时代爱国主义教育要高度重视教育载体的发展创新。习近平总书记强调："要充分利用我国改革发展的伟大成就、重大历史事件纪念活动、爱国主义教育基地、中华民族传统节庆、国家公祭仪式等来增强人民的爱国主义情怀和意识。"[1] 要充分运用新的艺术形式和

---

[1]　习近平主持中共中央政治局第二十九次集体学习 [EB/OL].（2015–12–30）. 新华网，http://www.xinhuanet.com/politics/2015–12/30/c_1117631083.htm.

新的传播媒介传播爱国主义精神，这就要求教育者要高度重视各类爱国主义教育载体的运用。

一、建设导向鲜明的爱国主义教育基地

建设好新时代爱国主义教育基地，有利于有效开展爱国教育。爱国主义教育基地具有良好的代表性和示范性。在建设过程中，既要明确建设目标，也要设立组织管理机构，并且在硬件和软件的建设方面投入较大的精力。爱国主义教育基地建成之后，应充分利用其影响力，推动国民爱国教育以及高校思政教育的有效开展，有效提高爱国主义教育基地的建设质量和建设有效性。

新时代爱国主义教育基地的建设目标，是增加广大人民群众特别是高校学生对祖国的了解，激发群众爱国热情，增强人民对于党的十九大以来，党的最新理论成果——习近平新时代中国特色社会主义思想的理解和感知。建设爱国主义教育基地，不仅是为了让人民群众更加热爱祖国大好河山，维护国家统一和民族团结，而且要让群众在教育学习的过程中，支持和拥护中国共产党，将维护祖国统一、坚持民族团结和拥护社会主义道路融入爱国主义教育当中。爱国主义教育基地在形式上不仅包含博物馆、纪念馆、烈士陵园等人文设施，还包含文化遗产、风景名胜、红色景区等景观。大力开发红色旅游资源，号召高校师生参加"重走长征路"、集体参观革命纪念馆、祭奠革命先烈等活动，在参观教育基地的过程中感受革命者不怕牺牲、甘于奉献的精神，强化基地的爱国教育功能。在游览红色自然景观，比如嘉兴南湖风景名胜区时，群众不仅可以一睹祖国山河的隽美，还可以感悟革命传承，在参观过程中切身体悟中国共产党创立的伟大时刻。

另外，在新媒体环境下，搭建"互联网+"爱国主义教育基地，研发并建立官方APP、微信公众号和微博等网络平台，通过向用户推送相关知识，打破爱国主义教育的时空限制，开展线上爱国主义教育；也可以通过与公众进行及时的沟通交流、向公众发布和推送展览信息和活动内容，增强爱国主

义教育基地的影响力和吸引力。在纪念馆、博物馆和烈士陵园等场所，采用"移动智能终端导览应用服务"和"语音导览二维码"技术手段，改进传统的解说服务，给参观者带来更好的感受和体验；在展播和实物展示的基础上，增加影像和实景的形式，通过运用虚拟现实、增强现实和人工智能等新技术手段，增加视觉、听觉、触觉和嗅觉等多方面感受和智能化情景再现，提升爱国主义教育的感染力。

在爱国主义教育基地各项基础设施完善以后，还要切实提高各级政府、各大高校对基地的重视程度。地方政府要把教育基地建设纳入总体发展规划，列入精神文明建设规划，把建设、创新、发展基地的经费列入财政经费预算，并对经费进行统筹，确保基地经费充足。广泛扩大与各单位合作，增强爱国主义教育基地的社会效益。高校要将参观爱国主义教育基地列为高校工作的重要任务，组织学校师生参观博物馆、纪念馆和烈士陵园，利用假期到革命旧址开展爱国主义教育，通过阐释、理解和感受历史，透过革命历史学习挖掘精神内涵，发扬爱国主义教育基地的时代精神。

二、建设校企合作、产学融合的实习实训基地

爱国主义教育基地建设应当融入高校的教学工作当中，既要了解高校教学的内容和特点，也要根据高校教学的基本情况和高校教学的相关要求，围绕高校教学目标和开展要点，做好教学内容的落实，使高校爱国主义教育基地与高校教学内容融合，发挥高校教学内容的优势，并将爱国主义教育基地建设成为高校教学的重要场所。高校应当充分意识到爱国主义教育基地的关键作用，努力推动爱国主义教育基地建设，使其达到能够有效开展高校思政工作的目标。

为了有效地提高爱国主义教学质量，高校不能拘泥于单纯的课堂理论教学，同时也要关注爱国主义教育的实践环节。应设计科学合理的实践教学内容，建立实践教学基地，利用实践教学资源，以加强爱国主义实践教育，使学生对爱国主义精神有更深刻的认知。

一是要健全相关规章制度，加大资金投入力度。建立优良的教育文化生态，各部门有效配合，开展优质的爱国主义教育。广大高校要健全规章制度，明确爱国主义教育的部门分工、教学管理体系和考核制度等，保障爱国主义教育工作得以顺利开展。

二是要强化社会实践第二课堂。爱国主义教育应融入大学生社会实践过程，从社会实践的项目立项、人员分工、组织实施、总结交流等环节，引导大学生树立和坚持正确的世界观、人生观和价值观，发挥社会实践第二课堂与爱国主义教育主课堂协同育人的功能，共同推进大学生爱国主义教育长效机制的构建。

三是要建立长效爱国主义教育平台。根据学生专业与企业特色，学校师生与企业员工共建爱国主义教育平台，为校企人员爱国主义展示创造契机。师生在企业实习期间通过平台完成爱国主义持久学习。师生可进一步汲取企业爱国主义教育平台精髓，返校后参与学校爱国主义教育工作，包括学校爱国主义教育平台打造。在此过程中，有机结合企业所在地爱国教育特色，丰富教育内容，增添教育形式。

四是要实现大学生所学专业和爱国主义精神的高度融合。高校和企业联合推进爱国主义教育与专业知识深度融合。以专业知识为载体促进爱国主义教育学习，通过爱国主义教育学习深入促进专业知识吸收，使学生充分理解专业学习目的，辨明人生方向。

五是地方爱国主义教育特色的拓展联动。打破校企联动局限，利用暑期实习机会，充分结合地方特色开展爱国主义教育，使爱国主义教育学习在与专业深度融合的同时，更与地方爱国主义宣传连成一片，联动发展。

六是要循环递进式长效递增机制。与校外实训基地达成长期爱国主义共建计划，将展示性考试成果引入校企双方爱国主义教育平台，以此带动后续师生与企业员工参与共建，不断丰富内容，保持爱国主义教育活力。

三、搭建志愿服务平台

在扩展大学生爱国主义教育基地的同时，更要不断完善大学生爱国主义教育志愿服务队伍建设、体制机制建设，完善的制度是志愿服务队伍蓬勃发展的重要保障。不断加大高校学生志愿者的培训强度，提高志愿者的服务水平和综合素质，建立一支高举爱国主义旗帜的志愿服务队伍。在开展志愿服务的同时，逐步完善组织机构建设，在原有的基础上，传承精华，弥补不足，充分利用新媒体平台和主题实践教育活动，加快大学生身份角色的转换，使其真正参与到以爱国主义为宗旨的志愿服务活动当中，在对其进行爱国主义教育的同时，也使大学生真正担起属于自己肩上的那份责任。

搭建志愿服务平台，需要完善基层党建，将党的建设和爱国主义志愿服务队伍建设结合起来，革新实践教育平台，促进平台服务对象多元化发展。习近平总书记指出："要在厚植爱国主义情怀上下功夫，让爱国主义精神在学生心中牢牢扎根，教育引导学生热爱和拥护中国共产党，立志听党话、跟党走，立志扎根人民、奉献国家。"①爱国主义思想教育实践的深入开展，需要通过搭建志愿服务平台，将爱国主义思想融入平台建设中，引导大学生树立正确的人生观、价值观，培养爱国主义高尚情怀。

高校基层党支部要充分开展各种有深度和广度的活动，确保活动的开展达到教育效果。在活动开展过程当中，运用灵活的方式方法，不断拓宽高校思政教育空间。学生党员轮流组织基层党建活动，增强支部成员责任感，推动志愿活动开展；党支部定期梳理活动开展思路，让党支部成员充分了解活动内容。确保服务对象多样化，是保持党支部活力的关键因素。不同环境能够激活不同的爱国精神要素，不同形式的党支部活动供给党员实践锻炼的机会也有所不同。例如，党支部组织学生党员参加废弃资源回收整合活动，能够树立节约环保意识；开展爱心助力活动，能传承尊老敬老，爱幼助幼的传

---

① 习近平.坚持中国特色社会主义教育发展道路 培养德智体美劳全面发展的社会主义建设者和接班人 [EB/OL]．（2018-09-10）．http://jhsjk.people.cn/article/30284598.

统美德。开展不同活动，在不同平台服务，需要学生党员不断切换身份。丰富的党建志愿活动可以让学生党员感受作为中国共产党党员所肩负的历史重任，学习和领悟爱国主义的深刻内涵。

搭建志愿服务平台，需要充分发挥新媒体媒介的作用。在当前环境下，大学生爱国主义教育面对各种非主流价值观的冲击，使得大学生难以合理辨别和吸收正确思想。官方平台不断弘扬主旋律、正能量的价值观，有助于大学生形成正确的价值观和历史责任感。在传统教育的基础上，将爱国主义教育与志愿服务相结合的理念可以促使大学生进行自我教育，增强了大学生爱国主义教育的自主性，极大地提升了爱国主义教育的实效性。可以结合学习教育活动，利用新媒体平台传播快的特点，在全体师生中深入开展爱国主义学习教育活动；开辟特色人物专栏，主要介绍爱国将领和人士，加强大学生对英雄人物的了解；创建红色佳作栏目，推荐经典红色爱国主义影片，供大学生们观看。

第二节　爱国主义教育实践活动的创新

随着中国特色社会主义进入新时代，以爱国主义为核心的民族精神也与时俱进，其核心内涵的价值取向也有所变化。一方面，我们仍旧需要继承传统的爱国主义情感；另一方面，我们需在中华文明认同的基础之上，更加发扬光大符合当今时代价值的爱国主义，培养出一批又一批、一代又一代有担当、有责任、有能力且向上奋进的新时代中国特色社会主义理性爱国者。要实现以上目标，需要对爱国主义教育逻辑进行重新整合，增强文化自信，创新教育话语。新的历史起点要求人们遵循更加科学合理的爱国主义教育逻辑，增强爱国主义教育对象的文化自信，利用中国现有的文化标识、语言符号打造符合新时代价值和特性的爱国主义教育话语体系，在继承的基础上发展，同时也在发展的过程中不断给予新时代爱国主义教育养分，以促进新时代爱国主义的传承和发扬，提高爱国主义教育的质量与效果。①

新时代大学生爱国主义教育既要继承也要寻求发展。一方面，对符合时代发展的爱国主义教育予以继承，进行"守正"。值得注意的是，"守正"并非一潭死水、一成不变，而是旗帜鲜明地注重爱国主义教育，利用诸如课堂、传统学术阵地讲爱国主义，培养学生的爱国思维和行动；另一方面，不能停留在原地，在"守正"的基础上，开拓具有时代价值的爱国主义教育新课题，对其内容进行"创新"。同样的，"创新"的前提是继承，不能抛弃爱国主义的核心内涵，而要在形式上予以丰富，内容上予以丰厚。高校可以紧跟时代潮流，在传统课堂等主渠道之外，开拓网络、新媒体力量呈现爱国主义内容，以此呈现更加多元、新颖、有吸引力的新时代中国特色爱国主义，在不知不觉中激发大学生的鸿鹄之志、爱国之情和砥砺强国之志，实践报国之行。②

一、爱国主义教育实践活动内容的创新

（一）坚持以正确的历史观、民族观、国家观、文化观教育为价值旨归

少年强则国强，青少年的思想认识与价值观念及其行动与国家和人类的前途命运息息相关。中国共产党历来重视爱国主义教育，这一点有迹可循。自新中国成立以来，党就十分重视高校爱国主义教育，在内容上，强调各民族团结史、各族历史、传统优秀文化等内容，引导青少年树立正确的历史观、民族观、国家观和文化观，做爱文化、爱民族、爱国家的时代新青年。具体而言，正确的爱国主义教育具有以下几个方面的具体要求，其一，树立正确的历史观。在了解过去的基础上面向未来，拥护唯物史观，坚决反对历史虚

① 赵华珺.新时代爱国主义教育的价值取向与实践路径[J].北京航空航天大学学报（社会科学版），2021，34（3）：12-17.

② 王灿.新时期大学生爱国主义教育的守正创新[J].教育观察，2020，9（46）：49-51.

无主义。其二，树立正确的民族观。牢记五十六个民族是一家，维护民族团结，坚决同一切鼓动民族分裂的分子作斗争，坚持民族平等。其三，树立正确的国家观。坚持国家利益高于一切，国家安全和稳定是发展的基础，我们要捍卫国家根本利益，促进国家发展。其四，树立正确的文化观。增强自身的文化自信，继承传统文化精华，发扬优秀中华文化。爱国教育具有其历史性和阶段性，在当前的历史背景下，应更加注重对青少年的爱国主义教育，结合中华优秀传统文化、历史文化、时事政治等方面国情，帮其树立正确的历史观、民族观、国家观、文化观，为其三观的形成奠定坚实的基础。

爱国主义教育离不开新中国史、中国共产党史、改革开放史、社会主义发展史，几者均是爱国主义教育的生动素材和宝贵资源。在新时代背景下，爱国主义教育需懂得知史爱国的深刻内涵，赋予以爱国主义为核心的民族精神时代内涵，探寻内在的文化价值，为实现中华民族伟大复兴和社会主义现代化强国注入持久动力。

（二）爱国主义教育应当将爱国、爱党与爱社会主义深度融合

爱国主义教育具有时代性与地域性，新时代爱国主义教育不仅需要彰显时代提出的新内容和新要求，还应将爱国、爱党与爱社会主义充分融合。在中国共产党的带领下，我国在经济、政治、军事、文化等多个领域都取得了令人骄傲的成绩，实现了两大奇迹，这向全世界人民有力地证明了走中国特色社会主义道路和坚持中国共产党的领导的正确性，也表明了坚持中国共产党的领导是中国人民从站起来、富起来，到强起来的前提和核心。党的命运和国家命运、人民的利益深深地融合在一起，和中华民族的命运息息相关。为了符合新时代发展的要求，中国共产党颁布了《新时代爱国主义教育实施纲要》，强调"爱国和爱党、爱社会主义高度统一"，三者具有高度的关联性和融合性，爱国、爱党、爱社会主义是新时代爱国主义教育的明路。[①] 也只有坚持爱国和爱党、爱社会主义三者相统一，才能阐明新时代爱国主义的

---

① 新时代爱国主义教育实施纲要：学习读本 [M]. 北京：人民出版社，2020：34-38.

本质内涵。这充分说明了爱国主义教育不是抽象不变的，而是鲜活真实的，在不同的时代具有不同的价值，在不同的时代需要新的内容。实践也说明了中华民族的伟大复兴与爱国主义是密不可分、紧密相连的，中华民族伟大复兴的中国梦一直都是爱国主义的一部分，并且是最核心的内容。自中国共产党成立以来，祖国的发展就和党的命运密切联系在一起，也是在党的带领下，中华民族才推翻了三座大山，迎来从压迫到站起来、富起来进而强起来的新时代。时代的更迭、国家的发展、社会主义的赓续有目共睹，这一切的成绩与中国共产党的领导是分不开的，离不开党和人民的智慧与辛劳付出，只有廓清党、国家、社会主义三者之间的关系，引导人们深刻认知中华人民共和国的建立与中国共产党的领导密不可分，才能理解爱国主义的内涵，领悟其本质所在。

二、爱国主义教育实践活动方式的创新

（一）在实践过程中强调理论教育与实践教育相统一

知是行之始，行是知之成。爱国主义教育既要注重理论教育，也不可忽视实践教育，要积极推动实现爱国主义理论和实践相结合。在理论教育上，让受教育者充分学习中华民族传统历史、国家发展历史、民族融合历史及中华民族优秀传统文化，使其在学习历史和理论中，对中华民族的抗争史、奋斗史有清晰的认识，体会国家发展艰辛、民族生存的不易，从而更加深刻地领会爱国主义的内涵和价值，让受教育者充分理解中国共产党与国家的血肉联系、马克思主义为新中国指明的道路以及中国特色社会主义好在哪里，从而提高爱国主义被教育对象的认知能力及其认同感。要充分发挥微信、手机客户端等新媒体传播优势，有针对性地开设爱国主义教育专栏，制作更多体现爱国主义、适合网络传播的音视频等，让爱国主义教育内容通过信息技术手段呈现出来，使爱国主义教育内容更具辐射力、吸引力、感染力。实践教育要注重在实践活动中进行爱国主义教育。遵循寓教于乐、寓教于学、寓教

于行的宗旨，爱国主义教育应融入大学生社会实践过程，如将爱国主义教育贯穿于大学生教育的全过程，让大学生在学习知识的过程中接受爱国主义教育，即将专业化的爱国主义教育融入思想政治理论课、通识教育课、专业课等中，也要将爱国主义教育融入日常教学实践中。同时，应充分利用入学教育、思政第一课、主题党团日、毕业典礼等契机，把大学生爱国主义教育抓常、抓细、抓实，为社会主义建设培养一批具有爱国情、强国志、报国行的建设者和接班人。

爱国主义教育是一项宏大而全面的系统工程，其整体目标是培养具有爱国精神的人才，爱国主义教育目标的实现要求必须实施联系课堂、学校内外的教育教学。作为爱国教育的主渠道和传统阵地，课堂教育的价值已经得到广泛认同，随着社会的发展和受教者信息来源渠道的不断丰富，课堂教育的实效性仍然是值得探索的重要命题。在对课堂教育的理念、方式方法等继续进行探索之外，在新时代还应当加快构建大学生爱国主义教育的长效机制、重要途径和有效方式，这就要推动大学课堂教育与课外实践相结合，积极开展广泛的实践活动，充分发挥爱国主义教育主课堂与实践活动协同培养人才的功能。爱国主义教育就是要引导大学生学习真学问、练就真本事，养成锲而不舍、自强不息的奋斗精神，树立远大志向并为之付出一点一滴实践的信念。引导学生珍惜时间、脚踏实地，切实践行理想信念，树立梦想从学习开始、事业靠本领成就的观念，让学生深刻理解勤奋学习才是青春最强大的动力，增长本领才能让青春充满能量。培养青年成为国家栋梁之材，则既要培养学生读万卷书即第一课堂，也要培养学生行万里路即第二课堂。学校课堂是学生的第一课堂，社会实践活动及校内各类学生社团活动则是学生的第二课堂，在第二课堂中学生的眼界和能力能够得到有效提升和拓展，社会体验和学生生活能够得到充实和丰富。现代社会发展出了多种形式的实践活动，都充分展现了学生风貌以及服务社会、服务人民和报效国家的情怀，比如高校学生支教、暑期"三下乡"、志愿服务活动等。各种社会实践和社会活动让学生在实践过程中加深了对人民的感情、加强了社会责任感、坚定了对国家的忠诚。

目前，加强青少年爱国主义教育已经成为各级学校共识。如大中小学积极主动把爱国主义教育融入主题党日团日、班会等各类主题教育活动之中。学校积极推动创建文明校园，开展丰富多样的校园文化活动，重视并充分发挥校训、校歌、校史的爱国主义教育功能。学校还积极组织大中小学生参观博物馆、烈士纪念馆，增强对历史的理解和先进事迹的体会；组织开展军事训练、文化科技卫生"三下乡"、学雷锋志愿服务、创新创业、公益活动等，让学生在实践活动中更好地了解国情民情，树立责任担当。此外，学校还应当加强与城市社区、农村、企业、部队、社会机构等的联系，丰富爱国主义教育的实践形式，拓展爱国主义教育的校外实践领域。自2019年以来，全国各地不同地区不同民族的学生、军人等青年积极组织参与了一场场歌唱祖国的快闪活动，在全国大江南北都能看到这些青年的身影，处处能听到他们对祖国的热爱与祝福。此外，在中华人民共和国成立70周年之际，中央宣传部、全国总工会、共青团中央、全国妇联联合主办，在全国范围内开展的"我和我的祖国"百姓宣讲活动，对包括青少年在内的广大人民群众进行了广泛多次的爱国主义宣讲，广大人民群众积极参加并积极自发参与网上宣讲，这都充分体现了包括青少年在内的广大人民群众对祖国的深厚感情。现在，各地各部门组织开展广大青年参加各种生动形象的爱国主义教育活动，配合丰富的夏令营、冬令营、特色研学项目等，有效进行了深入的爱国主义教育，成效显著，深受广大师生的喜爱和好评。所有活动的有效开展，与课堂教学一起大大增强了新时代爱国主义教育的实施效果。

（二）在实践方法上坚持先进典型引领与教育载体创新相结合

一个典型就是一面旗帜，一个模范就是一座丰碑。先进典型能代表时代所需要的精神面貌和优质品格，也是爱国主义精神的人格体现和追求。新时代党中央十分重视榜样模范在弘扬爱国主义精神中的重要作用，注重发挥英雄、榜样人物的感召和引领作用，党中央积极开展评选时代楷模、全国道德模范、最美人物等活动，利用各种媒介平台积极宣传先进典型的英雄事迹和高尚品格，宣传社会主义现代化建设中的模范人物之精神，同时弘扬爱国主义精神。新时代要特别注重抓住当前的重大事件中涌现出来的先进典型进行爱国主义教育。

伟大抗疫斗争中发生了许多感人至深的英雄事迹，涌现出一大批模范人物和先进集体，铸就了伟大抗疫精神。这些模范人物和感人事迹具有即时性、鲜活性、生动性、亲近性等特点，是爱国主义教育的生动教材。承载着爱国主义教育的信息和内容，是沟通爱国主义教育主客体的桥梁和中介，爱国主义教育宣传要充分利用好能承载和传播爱国主义教育的活动形式或物质实体，即爱国主义教育载体。爱国主义教育应当通过丰富多样的途径、载体进行和开展。因此，在新时代，丰富、发展和创新爱国主义教育载体是进行爱国主义教育的重要环节。习近平强调："要充分利用我国改革发展的伟大成就、重大历史事件纪念活动、爱国主义教育基地、中华民族传统节庆、国家公祭仪式等来增强人民的爱国主义情怀和意识，运用艺术形式和新媒体，以理服人、以文化人、以情感人，生动传播爱国主义精神，唱响爱国主义主旋律，让爱国主义成为每一个中国人的坚定信念和精神依靠。"[①] 这就要求高度重视各类爱国主义教育载体的运用。首先，各类各级爱国主义教育基地应当充分发挥其重要作用，优化展陈内容，改进展示方式，充分利用数字技术，建设爱国主义教育主阵地。其次，充分运用重大节庆纪念活动开展爱国主义教育。在重大纪念日特别是中国人民抗日战争胜利纪念日、烈士纪念日、南京大屠杀死难者国家公祭日之时，积极组织公祭、瞻仰纪念碑、祭扫烈士墓等纪念活动，发挥纪念日和纪念活动对人民厚植爱国情怀的引导作用。再次，创作生产出更多优秀文艺作品弘扬爱国主义精神。作家和艺术家要将深沉的爱国主义情怀融入优秀的文艺作品中去，通过文艺作品广泛宣传爱国主

---

① 习近平主持中共中央政治局第二十九次集体学习 [EB/OL].（2015-12-30）. 新华网，http://www.xinhuanet.com/politics/2015-12/30/c_1117631083.htm.

义，从而凝聚人心、团结人民。爱国主义是与时俱进的主题，常写常新，而最能感召中华儿女团结奋斗、唤醒爱国热情的作品是具有家国情怀的作品，能在爱国主义教育中发挥重要作用。新时代社会主义文艺要用蕴涵家国情怀的文艺作品，厚植时代新人的爱国情怀。《纲要》更明确要求创作优秀文艺作品弘扬爱国主义精神。党的十八大以来，文艺界有一大批优秀的文艺作品应运而生，为弘扬爱国主义精神作出了贡献。电影《中国机长》《我和我的祖国》《金刚川》，电视剧《大江大河》《山海情》《跨过鸭绿江》《觉醒年代》等充满时代气息的文艺作品，生动塑造了中国人物，也充分彰显了中国精神，向社会和世界展现了中国形象，起到了很好的爱国主义教育效果。最后，积极打造爱国主义教育系统化媒体平台，坚持网上教育与网下教育的无缝衔接，促进新时代爱国主义教育和互联网的有机融合。"唱响互联网爱国主义主旋律"仍是移动互联网时代和信息时代开展爱国主义教育之必然要求。充分合理运用新媒体、互联网技术，推动爱国主义与互联网深度融合，既要加强爱国主义教育平台建设，也要注重丰富教育内容、创新教育形式。[①]在这种要求下，高校可以从以下两个方面来着手："一是整合校媒运营团队。融媒体环境下高校要组建一支具备融合创新意识及能力的校媒运营团队，要促进新旧媒体的全面融合，整合新旧媒体的渠道优势、受众资源、技术及人力，加强培养复合型校媒人才，实现爱国主义宣传教育的线上线下一体化。二是加强高校之间的内部合作，搭建爱国主义教育统一平台，区域内多所高校信息互通，资源共享，集中力量统一组织大型爱国主义教育活动，开展爱国主义教育课题研究，制定爱国主义教育方案，可降低教育成本，并形成强大合力。"[②]

---

① 张亚勇，陈元元. 新时代爱国主义教育的三维审视与创新路径 [J]. 天津大学学报（社会科学版），2021，23（3）：212-218.

② 张祖明，张巍. 融媒时代的高校爱国主义教育形式创新研究 [J]. 新闻前哨，2021（5）：121-122.

（三）在教育谋略中坚持整体推进与突出重点的有机统一

爱国主义教育是面向全体中华儿女的教育，必须坚持人群全覆盖。同时也要重视加强对青少年这一重点群体的教育。对青少年开展爱国主义教育，需要尊重青少年的教育主体地位，尊重教育规律和青少年身心成长规律，爱国主义教育应当贯穿于青少年成长教育的全过程，应当重视并着力提升爱国主义教育的有效针对性。一是要发挥学校教育作为主要渠道和阵地的作用。学校教育应当将思想政治课作为学校开展爱国主义教育的最主要阵地，把爱国主义教育贯穿学校教育全方面和全过程。还要将爱国主义教育元素融入其他学科和载体，实现显性教育和隐性教育有机结合，避免大量显性教育引发青少年的抵触心理。及时回应和正确解答青少年思想上的困惑，对他们关注的社会热点问题，要有层次有重点地进行剖析解答。二是发挥好家庭和社会教育的重要功能。仅靠教师和学校对青少年进行爱国主义教育是不全面的，家庭和社会教育也是不可或缺的重要环节，对青少年爱国主义精神的形成起到至关重要的作用。为此，推动形成全员全程育人环境要着力打造家庭、学校、社会教育闭环，压缩教育真空，减少薄弱环节。在出版发行方面，要严格把好书籍、音视频等学习材料的政治关，坚决杜绝出现政治性、原则性错误，反对历史虚无主义等错误思潮，为防范敌对势力的侵袭渗透筑牢"防火墙"。三是开展爱国主义特色实践活动。推进中小学生"实践课堂"建设，开发丰富多彩的爱国主义实践课程，通过组织青少年参加红色之旅体验活动、参加纪念仪式、挖掘校训校史爱国主义教育功能、组织观看红色电影等形式，使爱国主义精神在实践体验中得以传承。

三、开展主题鲜明、内涵丰富的实践教育活动

在实际开展爱国教育活动过程中，高校相关教育人员需要利用每一年的重大纪念日，推进爱国主义教育。这些重要纪念日具有丰富的思政元素，是开展爱国主义教育的理想契机。例如在国家公祭日，高校可以组织学生们统一着装，以班级为单位开展悼念活动，学校降半旗并播放《和平宣言》。通

过大型纪念活动让当代大学生牢记历史，激发大学生心中的爱国情怀。此外，高校还可以定期在多媒体教学楼中举办各种纪念活动，例如在南昌起义纪念日、九一八事变纪念日等重大节点，让大学生利用其较为熟悉的信息化渠道，了解这些纪念日背后的故事，借助这种方式强化大学生的爱国精神。[①]

（一）构建爱国主义教育大课堂

首先，要将爱国主义教育与相关专业学科相结合。融媒体环境下要重视多学科知识的交叉教学，要在专业学科教学过程中贯穿融入爱国主义教育，促使高校学生树立学好专业知识、报效祖国、奉献社会的宏大志向。其次，要整合传统教学与媒体教学的有利部分，实行"传统＋媒体"模式。以传统爱国主义教育为基础，培养学生的国家意识、民族意识、主人翁意识，筑牢思想政治根基，利用新媒体平台丰富爱国教育课程资源，提升教育活动的灵活性，强调学生的主观感受，将学习生活等各类资源整合到爱国主义教育中来，提升教育质量。

（二）发挥基层党支部的育人价值，培养出可靠坚定的建设者

首先，高校思想政治教育工作者要自觉与群众密切联系，要以基层党支部平台为依托，以社会对人才的需求为目标，培养大学生群体尤其是学生党员理论同实践结合，并在此过程中增强民族自豪感和认同感，从而自觉践行爱国主义。其次，革新发展实践教育平台，开展具有多元化服务对象、活动形式丰富、兼顾深度和广度的高校基层党支部各类学习教育和实践活动，要保证开展活动能够起到教育作用，达到教育效果，并且能够形成学习模板。开展学习教育、实践活动要灵活运用方式方法，要善于深度发掘社会资源并将其与爱国主义教育有机结合，深化思想政治教育，不断拓宽思想教育的空间。再次，在高校各个基层党支部，可以由学生党员轮流负责组织开展活动，丰富开展活动的形式，同时增强支部成员责任感；而党支部应当严格按照组

---

① 杨雯瑞.高校爱国主义教育创新模式探究[J].大学，2021（24）：84-86.

织规范定期开展组织生活，主动促进参与成员自觉了解活动内容和形式，增强学生党员主人翁意识，通过定期开展的组织生活激发其爱国情怀。最后，还要保持党支部活力，其重要方法就是保持服务对象多样化，党员需要通过不同的实践平台来进行实践锻炼加强理论素养、提高实践能力，不同的环境和实践也能激发不同的爱国主义精神要素，比如通过参加资源回收活动，能够树立节约环保意识；参加爱心帮助活动，能传承发扬尊老爱幼的传统美德；参加居民社区活动，有利于体会民生国情。学生党员在不同平台进行的志愿服务时需要切换不同的社会身份。在这个过程中，学生党员能在面对多元化的服务对象和不同的服务环境和氛围中领会、学习并理解爱国主义的深刻内涵，也能更加明白作为党员所承担的历史重任。[①]

（三）爱国主义教育志愿服务队

在扩展大学生爱国主义教育基地的同时，更要不断完善大学生爱国主义教育志愿服务队伍建设、体制机制建设，完善的制度是志愿服务队伍蓬勃发展的重要保障。此外，还要建立一支以爱国主义教育为宗旨、具有充分服务意识且覆盖全国高校爱国主义教育基地的大学生志愿服务组织，因此还要不断加强大学生志愿者的培训力度，以提高大学生志愿者整体素质和服务能力。爱国主义教育志愿服务队将在志愿服务活动中不断提高当代大学生志愿者的素质和服务水平，树立红色品牌志愿服务，丰富爱国主义教育内涵。在开展志愿服务的同时，逐步完善组织机构建设，在原有的基础上，传承精华，弥补不足，充分利用新媒体平台和主题实践教育活动，促进大学生身份角色的转换，积极主动自觉参加爱国主义教育志愿服务，让大学生在接受爱国主义教育的同时真正担起属于自己肩上的那份责任。

---

① 吕鹏飞.爱国主义教育与基层党支部实践活动相结合的探索 [J]. 现代教育科学，2020（S1）：68–69.

第三节 爱国主义教育实践经验与启示

青年是祖国和民族的未来，加强对青年的爱国主义教育是国家的一项重要任务。青少年阶段是人生的"拔节孕穗期"①，可塑性较强，在此时开展爱国主义教育效果更持久，影响也更为深远。抓好青少年爱国主义教育是为国家育新人的使命所在。近年来，在爱国主义教育创新理论的指引下，青少年爱国主义教育实践也进行了种种探索，为我们带来了丰富的经验和启示。

一、把握时代特征，推进爱国主义教育深入开展

不同时代爱国主义教育的主题有所区别，承担着不同的目标任务。开展新时代爱国主义教育的目的是不断增强民族凝聚力和向心力，引导广大中华儿女为中华民族的伟大复兴贡献力量。实现中华民族的伟大复兴，是近代以来无数中国人的殷切期盼，是共产党人矢志不渝的初心和使命，也是新时代爱国主义教育的核心主题。在新时代开展爱国主义教育，要正确认识其主题的"变"与"不变"。"不变"的是民族复兴作为爱国主义教育的主题，始终未变；"变"的是民族复兴的伟大梦想在新时代被赋予了新的时代内涵。在青年间推进爱国主义教育深入开展，应当牢牢把握爱国主义精神的新时代意蕴，积极引导青年厚植家国情怀，承担历史责任，为实现民族复兴的伟大梦想凝聚力量。

"知其事而不度其时则败。"当前，中国特色社会主义进入新时代，这一时代方位饱含国家发展的历史积淀与精神气韵，孕育着国家发展的时代进路与傲人成绩。爱国主义教育只有紧跟时代步伐、紧握时代"接力棒"，明确时代发展目标、时代指导思想、时代思想旨归，才能领悟爱国主义教育的新时代要求，深化《纲要》的"时代名片"。爱国主义教育不仅需要把握新

---

① 习近平主持召开学校思想政治理论课教师座谈会强调：用新时代中国特色社会主义思想铸魂育人 贯彻党的教育方针落实立德树人根本任务 [N]. 人民日报，2019-03-19（01）.

的时代要求，还应关照新的现实状况。当前国内外形势复杂多变，世界各国不均衡发展形成的悬殊差距使大国之间的博弈日益加剧，各方力量的较量势必引发不同价值观的激荡碰撞，加之数字经济的飞速发展造成的现实与虚拟的交织运作，这些都是当下开展爱国主义教育需要解决的难题。"培养什么人、怎样培养人、为谁培养人"不仅是教育的根本问题，更是新时代爱国主义教育的重大使命。爱国主义教育应契合新的时代要求，结合面临的现实挑战，明了教育使命，进而担负起爱国主义教育的责任担当。爱国主义教育要遵循"知情意信行"逻辑进路，培养能够担当民族复兴大任的时代新人，做到为党育人，为国育才。当代青年正处于世界观、人生观和价值观形成的关键时期，爱国主义教育在青年群体中的广泛普及必不可少。在青年爱国主义教育的实际开展过程中，必须结合时代特点，从以下两点入手：

第一，厚植文化底蕴，以爱国传统滋养精神家园。爱国主义精神在中国几千年的发展史中历久弥新，是华夏文明凝聚出的精神瑰宝。青年爱国主义教育要以中华爱国传统为基础，用深厚的文化底蕴来滋养青少年的精神世界，树立坚定的文化自信，激起青少年内心的爱国热情，铸就青少年心底稳固的爱国长城。家国情怀是中华民族爱国精神的体现，展现的是个人和国家的紧密联系，也是个人的理念抉择与历史使命感和社会责任感的融合。家是社会组成的最小单元，国是社会组成的最终形式。因此，家国情怀在最大限度上引发人民群众的情感共鸣，将个人和国家的命运紧紧地捆绑在一起。对青年开展爱国主义教育，强调要爱祖国的大好河山、爱自己的骨肉同胞、爱祖国的灿烂文化等方面内容，就是在指引广大青年将自己对家的热爱与关怀延伸到祖国之上，将对家人的关心和爱护推及同胞身上，达到"修身、齐家、治国、平天下"。①

第二，重视马克思主义理论教育，以爱国主义理论武器武装头脑。马克

---

① 兰美荣，李辉.守正创新：高校爱国主义教育的基本遵循[J].北京工业大学学报（社会科学版），2021，21（2）：9-14.

思主义客观揭示历史与人类社会的发展规律，毋庸置疑是科学的理论体系，为全世界的无产阶级斗争提供科学的世界观与方法论，为实现全人类的幸福开出良方。① 一方面，以马克思、恩格斯为代表的马克思主义经典作家在投身无产阶级革命的过程中孕育出的爱国主义思想是新时代爱国主义教育重要的思想来源，要通过普及经典原著的知识，促使受教育者感悟爱国主义的精神内核，不断激发他们爱国的热情。另一方面，以毛泽东、邓小平、江泽民、胡锦涛、习近平为代表的中国共产党人在中国革命、建设、改革的伟大实践中，形成的富有中国特色的爱国主义理论与实践是新时代爱国主义教育的重要参考。通过宣传和研读国史、党史等，促使受教育者将个人与国家的前途命运紧密结合起来。②

二、尊重青年特点，增强爱国主义教育的实效性

青年在实现第一个百年奋斗目标征程中奋发有为，建功立业，在我们全面迈向第二个百年奋斗目标之际，青年更是社会主义现代化的建设者和中华民族伟大复兴的实现者。因此，在实现第二个百年奋斗目标的过程中，青年依然是我们党需要倚重的力量，对青年进行正确培养是党和国家的一个重大任务。③ 在此背景下，结合当下青年群体呈现出的特点，有目标有方向地开展爱国主义教育，培养能担国家富强、民族复兴大任的青年，具有非常重要的意义。

现代国际竞争的核心是创新，而青年是最富有想象力和创造力的群体，创新要依靠青年一代。纵观历史，在人类发展的关键点上，青年都发挥了非常重要的作用，许许多多伟大人物在青年时便为国家、世界做出了巨大贡献。

---

① 罗成富 . 论马克思主义立场观点方法整体性特征的主要表现及其意义 [J]. 求实，2010（11）：4–7.

② 刘嘉圣 . 新时代爱国主义教育的实践路径 [J]. 学校党建与思想教育，2020（3）：27–31.

③ 马立杰 . 习近平青年观引领青年爱国主义教育研究 [J]. 新生代，2021（1）：5–8.

中国未来实现社会主义现代化和中华民族的伟大复兴离不开一代代青年人的奋勇拼搏。为了实现国家富强、民族振兴、人民幸福的中国梦，必须关心爱护青年，为青年的发展注入更充足的思想动力，这就是青年爱国教育重要出发点。

青年爱国主义教育不能拘泥于某种固定的方式，要因事而化、顺势而为。但在实践中，爱国主义宣传教育方式上还存在"脱实向虚、程序化、运动化和非常态化"等短板，将青年的爱国热情转化成稳定的价值取向和实践行为则显得力不从心。在现实中，一些异质社会思潮虚无历史、诋毁英雄人物，扭曲人们对主流意识形态的认同，对青年爱国主义教育形成巨大干扰。

为破除这些负面干扰，应在青年爱国主义教育的这一过程中，重点做好三个方面的工作：

一是要完善话语体系，增强爱国主义教育话语的凝聚力。话语体系蕴含特定价值取向和思想立场，是滋生话语权的"内生变量"。但话语体系的形成和完善也不是自发自觉自为的过程，应立足中国实际、坚定话语自信，不断增强爱国主义教育话语的凝聚力。一方面，要不忘本来、吸收外来、面向未来，着力加强爱国主义教育话语生产。另一方面，要以丰富的话语内涵和巧妙的话语表达方式，增强爱国主义教育话语吸引力。

二是要优化爱国主义宣传方式。新时代加强青年爱国主义教育，必须克服主流媒体对青年价值观影响日渐式微的问题，推动主流媒体的深度融合，扩大主流价值观影响力。互联网信息技术的发展拓宽了现代社会生活空间、重构媒体传播生态，但也滋生了诸多"话语泡沫"和"网络噪音"，升级了爱国主义话语建构的难度。要根据青年的价值观认知接受方式，做活主流媒体的内容宣传，将爱国主义的理论意蕴嵌入青年日常生活素材之中，将学理性较强的"宏大叙事"转换成鲜活生动的"细小叙事"话语进行传播，引导他们将个人价值诉求同社会要求结合起来。爱国主义的宣传方式要与时俱进，以潜移默化的方式融入青年的思想之中。

三是将爱国主义理论教育和实践教育紧密结合起来，引导青年将爱国情转化为报国行。新时代加强青年爱国主义教育，要重视爱国主义实践体验活动的重要作用，增强实践体验活动的吸引力和感染力，深化青年的爱国主义理论认知和实践认同，实现青年爱国主义教育的纵深拓展和长期延续。例如高校可以定期或者不定期组织学生参观爱国主义教育基地、邀请革命前辈讲述抵抗侵略、建设新中国的历史，观看先辈们保家卫国的影视剧作。在生动有趣的红色实践体验中，青年可以同红色革命场景进行"对话交流"，从而感受爱国主义精神的时空穿透力，产生情感共鸣，将其内化为自己的行为准则。

三、全员参与，将爱国主义教育融入育人全过程

爱国主义教育是培养社会主义现代化建设者和接班人的必修课，是高校思想政治教育工作的重要内容。在开展爱国主义教育时，各参与主体应齐心协力，共同将爱国主义精神注入青少年的成长全过程。

第一，发挥学校关键作用，稳固和拓展爱国主义教育主要阵地。学校是培养青年最主要的单位，将培育社会主义接班人与高校爱国主义教育相融合，在高校内部创建爱国主义教育协同机制，协调和用好高校内部各方力量，推动爱国主义思想在校园内生根发芽，具有十分重要的意义。爱国主义教育作为一项基础性的工程，是高校教育工作向前发展的必然环节。推动高校爱国主义教育可从以下几方面入手：首先要从顶层出发，设置爱国主义教育协同育人新机制局，通过制度化、规范化和常态化的爱国主义教育体系在高校内传播爱国主义精神。其次要充分运用教育载体，打造全方位爱国主义教育格局，这就要求马克思主义基本原理、中国近现代史纲要等思政课程必须充分融入爱国主义理念，弘扬爱国精神。最后还要完善高校爱国主义教育协同育人机制的保障措施，在资金、政策等方面形成有力支持。高校爱国主义教育协同育人机制建设是当前我国高等教育改革的一项重要内容和创新措施。因此，无论是在理论研究还是在具体的实践教学操作中，都应该将高校爱国主义教育协同育人机制不断探索和发掘下去，推动高校爱国主义教育朝着治

理体系与治理能力现代化方向前进，为我国培养担当中华民族伟大复兴重任的时代新人营造新局面。

第二，发挥家庭基础作用，筑牢和夯实爱国主义教育思想根基。家庭是社会的基本组成结构，承担着养育未来一代的重任，父母既要给予子女物质层面的抚养，也应当在道德层面加以教育，引导孩子形成正确的三观。其中，讲好"人生第一课"，在青少年的潜意识里留下爱国的印痕是每一个家庭应当完成的任务。在家庭中开展爱国主义教育的实效如何，关系到孩子优良品质的形成，关系到社会秩序的稳定，关系到国家的和民族的发展。首先，以良好家风和家教促进青少年正确道德观的形成。如何将爱国主义精神在家风和家教中传承？我们认为，教育一定要强调爱国和爱家的高度统一，国是千万家，家是最小国。千千万万幸福美满的家庭是国家最稳固的基石，繁荣发展的国家是家庭最坚实的后盾。优良的家风能促进家庭的和谐美满，败坏的家风可能导致家庭成员贻害社会。其次，运用恰当的教育方式和方法。对青少年进行教育绝非一日之功，必然需要花费大量时间，家庭对青少年影响也非短期的，当青少年长大成人后，会组建家庭，为人父母。昔日的青年、今日的父母对他们的孩子进行教育时，自然无法摆脱自己所受家庭教育的影响。因此，恰当的教育方法不仅有益于子女，更有益于所有子孙后代。如果将爱国主义融入子女教育中，那么整个家族都将会受到影响，这将对爱国主义精神的弘扬有着极大的裨益。

第三，发挥社会支撑作用，塑造和烘托爱国主义的良好外部环境。社会是进行爱国主义教育最广大的平台，在社会中形成爱国主义风气将会对青少年的产生重大影响。首先要营造爱国主义的浓厚氛围。通过节日和仪式来推动爱国主义教育深入开展是被实践所证明的一个十分有效的举措。各地方在元旦、春节、劳动节、儿童节、建党节、建军节、国庆节等重要节日举行庆祝活动时应当融入爱国主义元素，将活动的举办作为宣扬爱国主义精神的阵地。具体而言，可以在这些节日中以开展知识竞赛、文艺竞赛、艺术表演等形式，将爱国、爱党、爱社会主义的理念和精神广泛传播。其次，注重发挥典型人物的引领作用。爱国主义精神在中国历史上源远流长，是几千年来形成的优良传统，一直为国人所推崇。千百年来，涌现出无数的仁人志士，为国家抛头颅、洒热血，共同延续着中华文明的传承。这些都是爱国主义的典型人物，他们是有形的正能量，也是鲜活的价值观。他们的身上彰显了信仰信念，展现了人格风骨，弥漫着家国情怀。岳飞、文天祥等民族英雄，刘胡兰、董存瑞、杨靖宇等革命先烈，雷锋、王进喜等先进人物，都是值得在爱国主义教育中广泛宣传的典型。典型人物的事迹和精神都将会对青年人产生影响，爱国主义情怀将会在先辈事迹的潜移默化中被青年人领悟。

参考文献

[1] 孟东方. 高校辅导员学 [M]. 北京：人民出版社，2019.

[2] 董晓蕾. 大学生思想政治教育方法的理论与实践研究 [M]. 北京：北京师范大学出版社，2018.

[3] 程刚. 大学生思想政治教育质量提升模式研究 [M]. 北京：中国书籍出版社，2015.

[4] 吕晓芳，段满江. 全球化视域中大学生中华民族精神培养和教育研究 [M]. 北京：中国轻工业出版社，2015.

[5] 习近平. 决胜全面建成小康社会　夺取新时代中国特色社会主义伟大胜利——在中国共产党第十九次全国代表大会上的报告 [J]. 求是，2017（21）：3-28.

[6] 续蔚一. 线上线下互动型大学生思想政治教育育人模式的实践研究 [J]. 新闻研究导刊，2019，10（19）：50+100.

[7] 叶进，董育余. 新时代大学生网络思想政治教育的现势及对策 [J]. 云南农业大学学报（社会科学版），2020，14（03）：106-110+138.

[8] 兰明尚，郭丛斌. 网络时代大学生思想政治教育的挑战与对策 [J]. 中国高等教育，2019（23）：35-36.

[9] 习近平. 把思想政治工作贯穿教育教学全过程 [EB/OL].（2016-12-08）[2021-03-12]. http://www.xinhuanet.com/politics/2016-12/08/c_112 0082577.htm.

[10] 刘世强. 不断提升思想政治理论课教师的眼界和视野 [EB/OL].（2019-03-26）[2021-09-04]..http://www.china.cn/opinion/theory/2019-03/26/

content-74613701.htm.

[11] 吴桂英. 协同育人视角下高职专业课"课程思政"改革思考与探索 [J]. 文化创新比较研究, 2020, 4（15）: 133-135.

[12] 侯晓乐. 新时期高职院校班主任工作探索 [J]. 中国民族博览, 2017（03）: 60-61.

[13] 张蓝月, 白显良. 论新时代高校辅导员育人: "视野要广" [J]. 高校辅导员, 2019（05）: 33-38.

[14] 张国启. 论高校思想政治教育工作改革创新中辅导员的主体担当 [J]. 高校辅导员, 2018（01）: 26-30.

[15] 焦佳. 高校辅导员职业能力提升路径探究 [J]. 思想理论教育, 2016（02）: 96-100.

[16] 伏荣超. 学习共同体理论及其对教育的启示 [J]. 教育探索, 2010（07）: 6-8.

[17] 徐德斌. 大思政格局下高校思想政治理论课创新与实践研究 [J]. 现代教育科学, 2019（06）: 118-122.

[18] 张凤都, 马静涛. 中美高校学生事务管理队伍比较研究——基于辅导员队伍建设视角 [J]. 高等农业教育, 2015（06）: 116-121.

[19] 石志强, 司汉武. 从"学生工作"到"社会工作"——高校辅导员工作理念与方法的新路径 [J]. 黄冈师范学院学报, 2014, 34（1）: 132-134.

[20] 习近平. 思政课是落实立德树人根本任务的关键课程 [J]. 新长征（党建版）, 2021（03）: 4-13.

[21] 蒋来用. 政德培育需要持续严管厚爱——学习习近平总书记在重庆代表团重要讲话 [J]. 紫光阁, 2018（04）: 16-17.

[22] 中共中央国务院发出《关于进一步加强和改进大学生思想政治教育的意见》[N]. 人民日报. 2004-10-15（01）.

[23] 吴静, 斯荣喜. 大学生参与学校管理的实证研究 [J]. 教育发展研究, 2005（19）: 109-111.

[24] 江来登 . 高校辅导员专业化建设的路径选择 [J]. 湖南社会科学，2009（04）：181–183.

[25] 普通高等学校辅导员队伍建设规定 [J]. 中华人民共和国国务院公报，2017（34）：28–32.

[26] 莫纪宏，诸悦 . 爱国教育制度法治化研究 [J]. 江苏行政学院学报，2021（05）：119–129.

[27] 习近平：在庆祝中国共产党成立 101 周年大会上的讲话 [EB/OL].（2021–07–01）[2022–05–05]. http://www.gov.cn/xinwen/2021–07/01/content_5621847.htm.

[28] 陈勇，李明珠 . 新时代大学生爱国主义教育话语体系优化的意义、困境与路径 [J]. 思想教育研究，2021（12）：116–121.

[29] 刘宇，华云 .《摆脱贫困》：网络爱国主义教育的新尝试 [J]. 中国广播电视学刊，2022（01）：50–51.

[30] 习近平：承前启后 继往开来 继续朝着中华民族伟大复兴目标奋勇前 进 [EB/OL].（2012–11–29）. http://www.xinhuanet.com/politics/2012–11/29/c_113852724.htm.

[31] 张红飞 . 新时代大学生爱国主义教育的时代呼唤、现实机遇和实践路径 [J]. 思想教育研究，2021（11）：145–148.

[32] 曲建武，张晓静 . 新时代大学生爱国主义教育的三个维度 [J]. 思想教育研究，2021（10）：123–128.

[33] 坚持中国特色社会主义教育发展道路 培养德智体美劳全面发展的社会主义建设者和接班人 [N]. 人民日报，2018–09–11（01）.

[34] 崔欣玉 . 新时代高校爱国主义教育的实践路径研究 [J]. 思想理论教育导刊，2021（10）：62–65.

[35] 李广，王奥轩，苑昌昊 . 国难教育、社会创伤记忆与国家形象建构——爱国主义教育视域下日本侵华史料研究的逻辑理路 [J]. 东北师大学报（哲学社会科学版），2022（01）：140–148.

[36] 包炜杰. 新时代思想政治理论课改革创新推进一体化论析——以爱国主义教育为例 [J]. 思想教育研究，2021（09）：141-144.

[37] 张娜，李晴. 爱国主义教育在大中小学思想政治理论课一体化教学中的目标构建初探 [J]. 思想教育研究，2021（12）：122-127.

后　记

　　爱国主义是中华民族的民族心、民族魂，是中华民族最重要的精神财富，是中国人民和中华民族的强大精神动力，是社会主义核心价值观中最深层、最根本的内容。弘扬爱国主义精神，必须把爱国主义教育作为永恒主题。中国特色社会主义进入新时代，中华民族伟大复兴正处于关键时期，新时代赋予爱国主义教育新的特征和使命。爱国主义教育不仅要面对广大人民群众，更要面向广大青年学生，培养青年学生的爱国情怀关系到如何培养人、为谁培养人、培养什么人的关键问题，事关中国梦的实现。在经济全球化、社会多元化及信息技术发展的进程中，爱国主义教育面临机遇和挑战。高校肩负着为党育人、为国育才的历史使命，在开展面向大学生的爱国主义教育中，必须要紧扣时代主题，把握青年学生特点，敢于破解难题，增强教育实效，有力引导青年学生自觉将爱国情、强国志、报国行融入实现中国梦的奋斗中，落实立德树人的根本任务。

　　本书是《新时代高校辅导员立德树人丛书》的入选著作。立足于当前高校爱国主义教育现状，紧紧围绕《新时代爱国主义教育实施纲要》，积极探索新时代高校爱国主义教育知识学习、文化涵养、氛围营造、丰富实践载体等理论和实践问题，切实提升高校爱国主义教育质效。

　　本书由蒋莉、潘清滢等人共同完成写作相关工作。本书作者均有着丰富的大学生思想政治教育工作经验，蒋莉、潘清滢、张文浩均连续从事大学生思想政治教育工作近20年，其中，张文浩系西南政法大学行政法学院党委副书记，长期从事思想政治教育理论与实践研究工作，公开发表论文十余篇，育人实效显著；姜瑜系西南政法大学党委学工部学生管理科科长，连续从事大学生思想政治教育工作 11 年，致力于学生事务管理和大学生日常思想政治主题教育研究。在本书写作过程中，蒋莉负责总体设计和统筹，蒋莉、潘清滢、张文浩、姜瑜共同完成写作提纲的拟定，撰写分工为：第一章、第二章，蒋莉；第三章，姜瑜；第四章，张文浩；第五章、第六章，潘清滢。宁莹晖、胡娴、李昱阳、谢钧镝对本书撰写予以帮助。

本书为重庆市教委人文社会科学科研项目"新时代高校爱国主义教育实践路径创新研究"（项目编号：21SKJD009）的研究成果。在写作过程中，参阅并借鉴了学界有关高校思想政治教育、爱国主义教育等方面的研究成果，已在书中予以标注，在此诚表真挚的谢意！本书出版时间较紧，加之水平有限，虽已尽力校订，但仍有不少问题与不足，敬请专家、读者们批评指正。

西南政法大学辅导员教研中心

重庆市"简敏工作室"

蒋莉

2021 年 8 月 30 日